神道入門

――民俗伝承学から日本文化を読む

新谷尚紀
Shintani Takanori

ちくま新書

1330

神道入門

——民俗伝承学から日本文化を読む

【目次】

はじめに

神道とは何か。日本人にとって、神道とは何なのか。それをわかりやすく解説してみようというのが、この本である。

その著者である私の専門は、日本民俗学、民俗伝承学である。日本民俗学というのは、柳田國男が創生し、折口信夫が理解し協力して育ててきた日本創生の学問である。それは、イギリスの folklore フォークロアの翻訳学問などでは決してなく、フランス語の tradition populaire トラディシオン・ポピュレールを、柳田國男が「民間伝承」と翻訳して、トラディシオン・伝統・伝承というものを研究の対象とした学問である。それが現在では一歩進んで民俗伝承学 traditionologie culuturelle 英語では culutural traditionology : the study of traditions と名乗るべき学問となってきているのである。変わりにくい伝承 tradition の部分と変わってしまう変遷 transition の部分の両者があることを含めてその広義の伝承 traditions という文化事象を、歴史の中に追跡しその動態を明らかにしようとする学問なのである。宗教社会学や文献歴史学の専門でもなく、ましてや神道学の専門でもない私が、本書で神道を解説してみようとするのは、日本の神社や神道というのが、まさに伝統的な文化、伝承的な文化だからである。

日本の神社や神道というのは、トラディシオン tradition（伝承）でもあり、トランジッシオン transition（変遷）でもある。それは、歴史的な伝承と変遷という動態的な運動 movement の中にあるものであり、古代から現代までの長い時間の流れの中で、その重要な部分は継承されながらも、時代ごとに大きな変遷もたどってきているものなのである。

神道の歴史の中の、その伝承と変遷とをたどってみて、明らかになったのは、神道とは形式である、容器である、たとえていえば、電車である、バスである、という結論である。神道は、その本質は、素材 materials にではなく、形式 forme にある、ということである。神道は、形式 forme であり、時代の変化の中にさまざまな素材 materials を、その中に含めてきている。電車やバスだから、そのときどきに、時代ごとに、さまざまな乗客が乗ってきているのである。その神道の歴史の中の、主要で中核的な部分を示すならば、以下のとおりである。

古代の神道は、「稲の王」としての天皇の祈年祭・月並祭・新嘗祭を中心とする神祇祭祀という意味であった。

中世の神道は、仏教の如来・菩薩・明王・天部や、道教・陰陽道の諸神や、山岳修験の諸神を含む、それらの神霊の類の混淆と習合の中での、霊威や霊験への信仰と祈願と祭祀という意味であった。

近世の神道は、中世以来の密教や道教・陰陽道の信仰要素を含みながらも、儒学の説く道徳倫理や、国学の説く古代天皇信仰や、幽界霊界の存在への信仰を含むようになった、これまた混淆と習合の中での信仰と祈願と祭祀という意味であった。

近代の神道とは、立憲君主国家の天皇崇拝を中心とする、公的な制度と儀礼と社会的な精神統合を教導する信仰と祈願と祭祀という意味での国家神道であった。

現代の神道とは、宗教法人神社本庁が包括する全国約八万社の大中規模の有名大社から小規模の村や町の氏神や鎮守まで含む、その信仰と祈願と祭祀という意味の神社神道である。

神道が、伝統文化であり、伝承文化である、つまり、伝承でもあり、変遷でもある、という日本民俗学の視点からいえば、古代から現代まで、「神道」には以上のような「変遷」があったのであるが、では、変わることなく伝承されてきており神道を神道たらしめている中核的な「伝承」の部分とは何か。

それは、「古代以来、稲作の王としての天皇を中核として伝承されてきている人びとの素朴な自然と生命への感謝の念と禊ぎ祓えの実践によるその信仰の意思表示の体系である」ということになる。

日本文化の長い歴史の中で、その神道の歴史と伝承について、本書の目次をみながら、通読でもいいし、つまみ食い式に読んでみたくなったページからでもいいので、拙い小さな新書であるが、ここで、日本の歴史と文化を、「神道」というキーワードから通史的に読み解いてみていただければ幸いである。本書は、決して政治的なメッセージではない。歴史の中の事実を、民俗伝承学の視点から指摘する、ほんの小さな学術的なメッセージである。

第一章

日本書紀の「神道」

「神道」という語が、はじめて記録にみえるのは、日本書紀の用明天皇の即位前紀で、西暦五八五年である。次の記事がみえるのは、孝徳天皇の即位前紀で、西暦六四五年である。その日本書紀の成立は、奈良時代の養老四年（七二〇）である。

ここで、不思議なのは、同じ奈良時代に成立した、古事記や万葉集や風土記には、まったく「神道」という語が出てこないということである。日本書紀でも「神道」という語が出てくるのはその用明紀と孝徳紀だけであり、その後、ふたたび六国史の類で、「神道」の語がみえるのは、続日本紀の桓武天皇の延暦元年（七八二）である。孝徳天皇の時代からいえば、その間一三七年もの空白がある。

したがって、日本書紀の「神道」は「孤立している」とよくいわれるのである。

1　孤立している日本書紀

†用明紀と孝徳紀

その孤立している「神道」の記事とは、次の三例である。

①用明即位前紀（在位五八五―五八七）「天皇、仏法を信けたまひ、神道を尊びたまふ」

②孝徳即位前紀（在位六四五―六五四）「仏法を尊び、神道を軽りたまふ。生国魂社の樹を斮るの類、是なり 人となり、柔仁にましまし、儒を好みたまふ。貴賤を択ばず、頻りに恩勅を降したまふ」

③孝徳天皇　大化三年（六四七）四月壬午二六日「惟神も、惟神は、神道に随うを謂う、亦、自ら神道有るを謂う也 我が子治らさむと故寄さしき。是を以ちて、天地の初めより君臨らす国なり。始治国皇祖の時より、天下大同じくして、都て彼此といふ事なし」

この「神道」という語について、まず指摘できるのは、次のような点である。

本文中の①と②のいずれも「仏法」と対比される語として用いられている。仏法も神道も漢語であり和語ではない。したがって、出典は漢籍に求められる。

†中国古代の「神道」

「神道」という語が最初にみえるのは、周代の前三世紀頃の『易』の観の卦の彖伝の記事である。そこには「観天之神道而、四時不忒、聖人以神道設教、而天下服矣」（「天の神道に観て四時忒わず、聖人は神道を以て教を設けて天下服す」）とある。道教研究の福永光司氏によれば、中国古代の文献にみえる「神道」については以下のとおりである。

①この『易』の「神道」は「天地の道」とか「自然の理」というような意味で用いられて

いる。

②一方、「盥いて薦めざるときは、孚有りて顒若し」という記述もあり、神を祭るにあたって、手を洗い清め、まだ供物を薦めずにいるときのような敬虔さに満ちた精神態度と関連させて説明されている。

つまり、この『易』の「神道」の語は、形而上学的な概念であると同時に、宗教的な概念でもあった。

その後、前一世紀の漢代になると、「神道」は、死者を葬った陵墓に通じる道を表す語として用いられるようになる。しかしその後、二世紀の後漢の時代になると、『太平経』にみえるように「神道」とは呪術宗教的な「仙道」とか「真道」の道術を意味するようになる。

四世紀初めの晋代には『抱朴子』にみえるように、神秘的な道術である神仙術の意味として用いられている。その後、六朝時代の陶弘景（四五六―五三六）の説く「道教」は、「仙道」であり「真道」であるとともに「神道」である、とされていた。

そうした道教に対して、中国仏教も三―五世紀前半の魏・晋の時代までは布教の便宜のためもあって、みずからの仏教を「神道」の教えと呼び、また「真道」の教えと呼ぶこともあった。しかし、五世紀後半から六世紀の斉・梁の時代になると、仏教は道教の真道よりも上位にある宗教であるとして「聖道」「聖教」とみずからを強調するようになる。それに対して、道教もその仏教の聖道に対抗して、みずからも真道の教えから聖道の教えであると展開させていった。

つまり、「神道」の語は、中国古代に成立していた語であり、それぞれの時代と状況の中で、①天地の道・自然の理、②死者を葬った陵墓に通じる道、③道教の教え、④仏教の教え、などさまざまな意味で用いられていた語だったのである。

†日本書紀の文脈で読み取る

この日本書紀の「神道」が、漢語からの借用であるならば、漢語の「神道」の意味について詮索してもそれはまったく的外れということになる。あくまでも日本書紀の文脈から読み取るのがいちばんである。

そこで指摘できるのは、以下の点である。まず、「神道」の語がみえる、日本書紀の用明紀と孝徳紀は、表1にみるように、いずれも日本書紀の本文表記の上ではα群に属しているということである。したがって、α群の最古の記事である雄略紀とそれ以降の、大王(天皇)と神祇祭祀に関する日本書紀の記事に注目すればよい。

巻		群	岡田正之	和田英松	鴻巣隼雄	藤井信男	永田吉太郎	太田善麿	菊沢季生	西宮一民	小島憲之
1	神代上	β群									
2	神代下										
3	神武										
4	綏靖〜開化										
5	崇神										
6	垂仁										
7	景行・成務										
8	仲哀										
9	神功										
10	応神										
11	仁徳										
12	履中・反正										
13	允恭・安康										
14	雄略	α群									
15	清寧〜仁賢										
16	武烈										
17	継体										
18	安閑・宣化										
19	欽明										
20	敏達										
21	用明・崇峻										
22	推古	β群									
23	舒明										
24	皇極	α群									
25	孝徳										
26	斉明										
27	天智										
28	天武上	β群									
29	天武下										
30	持統										

表1　日本書紀区分論

α群は正格の漢文で成立が古く、
β群は倭製漢文で後に書かれたもの。
（森博達『日本書紀の謎を解く』1999）

†雄略朝——継体朝の神祇関係の記事

いまそれらの要点を列記すれば、以下のとおりである。
まずは、雄略紀の六件の記事である。

①伊勢大神の祠に奉祀していた皇女栲幡皇女の姦淫妊娠のデマと、それによる皇女の経死

と神鏡の発見、そして関係者の石上神宮への逃匿。
②天皇が葛城山で射猟（かり）をしていて一言主神に出会う、一言主神はみずからを現人之神と名乗った。
③天皇が三諸岳の神の姿を見たいといって少子部連蜾蠃（ちいさこべのすがる）に捉えさせてみると、眼が輝く大蛇であったため、天皇は畏み恐懼して見ることができず、殿中に逃げ隠れた。
④胸方神を祠らせるために、凡河内直香賜と采女とを遣わしたが、そのとき香賜が采女を姧した、天皇は「神を祠り福を祈るには慎まねばならないのに」として香賜を捕らえ斬殺した。
⑤天皇が親ら新羅を討伐しようとしたとき、神が天皇を戒めて「な往（いま）しそ」といい、紀小弓宿禰ほか四名を大将として派遣した。
⑥呉国からやってきた衣縫の兄媛と弟媛を以て大三輪神に奉った。

次が、顕宗紀の二件の記事である。
①顕宗即位前紀と清寧紀二年一一月と二度重ねて記されているが、播磨国から大嘗（清寧紀）、新嘗（顕宗紀）を献上したという記事で、それが億計（のちの仁賢天皇）、弘計（のちの顕宗天皇）の二王の発見につながる。
②三年二月に月神が、四月に日神がそれぞれ人に神懸かりし、同じ阿閉臣事代に向かって、

我が祖高皇産霊に田地を奉れと曰われたのに対して、そのように田地を奉り、祠を作って壱岐の県主の祖と対馬の下県直にそれぞれ奉仕させた。

次が、継体紀の二件の記事である。

①元年二月、手白髪皇女を皇后とし、神祇伯を遣わして神祇を祭り皇子が生まれるように祈念した。三月の詔に「神祇には主乏しかるべからず、宇宙には君無かるべからず」とある。

②皇女の一人荳角(ささげ)皇女を伊勢大神の祠に奉仕させた。

†欽明朝の神祇関係の記事

次が、欽明紀の三件の記事である。

①磐隈皇女を伊勢大神に奉仕させた、後に茨城皇子に姧されたため解任された。

②欽明一三年、百済の聖明王から釈迦仏の金銅像、幡蓋、経論を献上されて、この法は諸法のうちで最も殊勝であるとすすめられたとき、大臣蘇我稲目宿禰がこの仏の法を西蕃諸国と同じく礼拝することを提案したのに対して、大連物部尾輿と中臣連鎌子が、「我が国家の、天下の王とましますは、恒に天地社稷の百八十神を以ちて、春夏秋冬、祭拝りたまふことを事とす。方今(いま)し、改めて蕃神を拝みたまはば、恐るらくは国神の怒りを致しまさむ」と言上した。

③欽明一六年、百済の聖明王が新羅との戦いで戦死し、王子余昌が弟の恵を倭国に派遣して救援を願ったとき、欽明天皇が神祇伯に命じて策を授かるように神祇に祈願させた。祝者は神語を託宣して、

「建国の神を請い招き国主を救えば国家は鎮静し人民は安定するだろう。建国の神とは天地が割け分かれたころ草木が言葉を語っていたときに、天から降りきて国家を造られた神である。近頃この神を祭らないと聞いている。いまこそ先の過ちを悔い改め、神宮を修理して神霊を祭れば国は繁栄するだろう。このことを忘れてはならない」

といった。

†「神道」の意味

以上、雄略紀六件、顕宗紀二件、継体紀二件、欽明紀三件の記事から、大王（天皇）の神祇祭祀の内容としては次のような内容であったことがわかる。

①伊勢大神や胸方神（宗像神）へ皇女や采女を派遣して祭祀すること、
②新嘗の祭祀、
③神懸かりによる託宣、
④国家の王として春夏秋冬を通じて恒に天地社稷の百八十神を祭拝すること、

などである。

つまり、用明紀と孝徳紀の記す「神道」の意味とは、この①②③④のような内容であり、大王(天皇)とその王権を支える集団が、五世紀後半以降の世代蓄積の中で思念し実践していた神祇信仰と神祇祭祀、という内容であった。ただし、それはまだ宗教的な教義や教団などといった体系性が構築されていたものではなかった。

2 惟神(かむながら)の意味

†孝徳紀の注記

次に、孝徳紀の注記について指摘できるのは、以下のとおりである。

まず、注記は本文とは区別すべきである。この注記については、編纂時の原注とみる説と後世の追注とみる説とが対立しているが、追注とみる説に妥当性がある。

追注とみる津田左右吉によれば、

「「惟」はシナ文に於いて常に用いられる発語であり、「神」はこの二字の次にある「吾子(あがみこ)応治(しらさむと)故寄(ことよさしき)」に対する文法上の主語となるものである。だから、「惟神」を独立した一つの語としてそれを説明しようとした上記の註は、決して原注ではなく、後人のみだりに加えたものとすべきである。単に文字の上からいっても、ナガラの語に「惟」の字のあてられるはずのないことは明らかである」、という。

そして、「もっとも惟神の二字を一つの語のように用いてある例が、シナにも無いことはない」といい、『晋書』穏逸伝の叙の「處柔而存有生之恒性、在盈斯害惟神之常道」という一節をあげている。そしてそれは、『荘子』刻意篇の「純素之道、惟神是守、守而無失、與神為一」から「惟神」の二字を取ったものと推測されるという。これらは、道教の思想を述べる上での記述であるが、しかし孝徳紀の編者がそこからこの惟神の二字を取ってきたとはとうてい考えられない、それではこの日本書紀の本文の記載がまったく無意味になってしまうからだ、というのである。

さて、ここで再び孝徳紀に注目してみよう。「惟神」という語がそもそも注記を必要としているのはなぜか。それは、日本書紀の本文の記述の中でこの語の登場が唐突であり、異例であり訓読も字義も不明瞭だからである。「惟神」は漢語であり、「かむながら」は和語である、したがって訓読を示す訓注と意味を示す義注の両方が必要とされていたはずである、しかし、ここでは訓注はなく義注のみが施されている。その義注も、①神道に随う、

②自ずから神道有り、の二つの意味を示しており厳密でない。何より「神道」の意味が不明瞭である。のみならず、文脈からみて正確ではない。

この「詔」の文脈どおりに読めば、「惟神も」という意味は明白である。「惟神も」とは「天照大神が」という意味である。この詔の冒頭は皇祖神の「天照大神が、我が子孫がこの国を統治するようにと定められて、云々」という意味である。天孫降臨から神武即位、そしてそれ以後の皇位継承の論理に即して発せられている詔である。したがって、この注記は、このような「詔」の文意と文脈とをまったく理解できていない人物による注釈といわざるをえない。「惟神」という語についての後世の訓詁学的な注釈に過ぎないのである。

†折口信夫の読み解き

ここで、「惟神（かむながら）」という古語についての、折口信夫の見解を紹介しておこう。一九五一年（昭和二六）一〇月の日本宗教学会第一〇回大会における講演で、その内容は『宗教研究』第一二八号に論文として掲載されている。そこで論じられているのは主として近代の「神社神道」についてであるが、それに関連してこの「かむながら」という語について論及しており、以下がその要点である。

①近代日本では、神道という言葉は「神ながらの道」という言葉を翻訳したものと考えて

いる向きもあるが、それはまちがいである。「かむながら」という用語例は古代から非常に多くある。しかし、「かむながらの道」という言葉は古代にはなく、近世の人が一種の幻影をもたせて、神道を表現するのに適切な感じがしたので用いた語であろう。

②「かむながら」という語は、古代の記録では万葉集や続日本紀に多くみられる。書物としてみれば万葉集の方が古く、続日本紀の方が新しいが、「かむながら」という用語例の意味の上からみれば、続日本紀の用語例の方に古い要素が多く含まれている。その古い要素というのは歴代の宣命に出てくる用語例の中のものである。

③続日本紀によると、宣命の言葉はいつでも「かむながらおもほしめす」というかたちで表わされている。それは天皇の発せられる言葉であり、「おれの考へは即、神の考へである」という表現である。天皇が「この今言はれ思はれていることは、神なるおのれの考へ通りでいらっしゃるのだ」という意味である。これが古代語法としては最も正しいようである。

④それに対して、万葉集ではそうではない。柿本人麻呂の歌などにみられるのが、「いそはく見れば、かむながらならし」などの例である。この長歌の中の、神の意志だろう、というような意味の「かむながら」は、「天子のもっていられる神をさすのではなく、我々が見る自然界なんかに散在している神」のことであり、「外在の神の意志までを想像して、

「かういふ現はれをしてゐるのは、全く神の意志に相違ない」という程度の意味である。

⑤天皇の宣命の中の「かむながら」と、人麻呂などの宮廷詩人が万葉集で詠んでいる歌の中の「かむながら」とではその意味にまったく大きなちがいがある。それに対して、近代になって盛んに使われている「かむながらの道」という言葉の中の「かむながら」は果たしてどこまで古い根柢をもっているのか疑問である。「かむながら」という語に、「道」という語を繋いできただけではなかったろうか。この近代の「かむながらの道」という言葉をもって、「神道」という言葉の古い表現だとはとうてい考えられない。

⑥「神道」という言葉にはもっと深い、広い内容があった。古代の祖先のもった心理と論理とを考えるためには、言語を明確に摑むところから始めなければならない。

以上が、折口の見解である。宣命の中にみえる惟神(かむながら)の意味が、古代語法としては本来のものであり、その意味は、いま天皇が言われ思われていることは、天照大神の「みこともち」である天皇の考えの通りであり、それはそのまま天照大神の考えの通りである、という意味なのである。

†万葉集と続日本紀

ここで折口がいう柿本人麻呂の歌について確かめてみてみよう。それは万葉集巻一の長歌である。

泉の河に　持ち越せる　眞木の嬬手を　百足らず　筏に作り　泝すらむ　勤はく見れば

神ながらならし　五〇

の「神ながらならし（神随尓有之）」とある部分である。人麻呂の歌には他にも、

やすみしし　わご大君　神ながら（神長柄）　神さびせすと　三八

山川も依りて　仕ふる　神ながら（神長柄）　三九

やすみしし　わご大君　高照らす日の皇子　神ながら（神長柄）　神さびせすと　四五

葦原の　瑞穂の国は　神ながら（神在随）　言挙げせぬ国　三二五三

などもあり、中には大君がそのまま神としてというニュアンスの歌もある。つまり、人麻呂の「神ながら」の理解には、折口のいうような新しい解釈と、まだ古い意味をも、無自覚ながら混じっていたのである。

万葉集には他にも、大伴池主の

立山に　降り置ける雪の　常夏に　消ずてわたるは　神ながら（可無奈我良）とそ　四〇〇四

大伴家持の

食国は　栄えむものと　神ながら（可牟奈我良）　思ほしめして　四〇九四

などの歌があるが、それらにはたしかに折口のいう古い意味はない。また、延喜式に収める「遷却祟神」の祝詞にも、その末尾に、

「祟りたまひ健びたまふ事なくして、山川の広く清き地に遷り出でまして、神ながら（神奈我良）鎮まりませ、と称辞竟へまつらくと申す」、

とあるが、そこにもすでに折口のいう「かむながら」の古い意味は伝えられていない。

それらに対して、一方、続日本紀に見える天皇の詔の中の「かむながら」は、折口のい

うとおり古い意味で一貫している。それは、元明天皇、聖武天皇、孝謙天皇、淳仁天皇の詔にみえる「かむながら」である。

①元明天皇の慶雲四年（七〇七）七月の即位の詔の「随神所念行須」と和銅元年（七〇八）春正月の「随神所念行佐久止」「神随所念行須」、
②聖武天皇の神亀元年（七二四）二月の即位の詔の「随神母所念行尓」「随神所念坐」「随神所念行須」、
③天平元年（七二九）八月の詔の「随神所念行佐久止」「神随所思行須」、
④天平一五年（七四三）五月の詔の「随神母所思坐弖」、
⑤天平勝宝元年（七四九）四月の詔の「神奈我良母所念行久止」「神奈我良母念坐弖奈母」「神奈我良母念坐須」、
⑥孝謙天皇の天平勝宝元年（七四九）七月の即位の詔の「随神所念行佐久止」、
⑦天平寶字元年（七五七）七月の詔の「神奈賀良母所念行須止」、
⑧淳仁天皇の天平寶字二年（七五八）八月の即位の詔の「随神所念行久止」「随神所念行須」

などがそれである。

このような記事を参照してみてあらためてわかるのは、万葉集や続日本紀の「かむながら」の漢字表記には日本書紀の孝徳紀のような「惟神」という表記がまったくみられないということである。先に指摘した日本書紀の孤立、という現象は、「神道」という語にもみられたが、この「惟神」という文字にもみられるのである。

†祝詞の「みこともち」の思想

この続日本紀にみえる八世紀の歴代天皇の詔の中の「かむながら」が意味しているその古い意味を知るために、もう一度、折口信夫の解説を参考にしてみよう。

それは一九二八年(昭和三)一〇月の「神道に現れた民族論理」という論文の中での指摘である。祝詞の中のみこともちの思想と、惟神の根本の意味について論じた部分で、折口は次のようにいう。

日本の「最古い文章だと思はれるのは、祝詞の型をつくった、呪詞であって、其が、日本人の思考の法則を、種々に展開させて来てゐる」。「日本民族の古代生活を知ろうと思う者は」誰でも「皆、呪詞の研究から出発せねばならぬ」といい、まず、みこともちについて次のようにいう。

「祝詞の中で、根本的に日本人の思想を左右している事実は、みこともちの思想である」。「みこともちとは、お言葉を伝達するもの」、「初めて其宣を発した神の御言葉、即「神言」で、神言の伝達者、即みこともちなのである」。「外部に対して、みことを発表伝達する人は、皆みこともちである。

　諸国へ分遣されて、地方行政を預かる帥・国司もみこともち」である。「最高至上のみこともちは、天皇陛下ご自身であらせられるが、其が段々分裂すると、幾多の小さいみこともちが、順々下りに出来てくる」。「注意すべき特質は」、「唱へ言自体の持つ威力であって、唱へ言を宣り伝へている瞬間だけは、其唱へ言を初めて言ひ出した神と、全く同じ神になって了ふのである」。

「〔そして、この思想は、〕いつまでも、其資格が永続するといふところまで発展して来た。天皇陛下が同時に、天つ神である、といふ観念は其処から出発しているのであって、其が惟神(かむながら)の根本の意味である。惟神とは「神それ自身」の意であって、天皇陛下が唱へ言を遊ばされる為に、神格即惟神の現つ御神(あきつみかみ)の御資格を得させられるのである」。

つまり、惟神(かむながら)とは、天皇が宣命を発するとき天照大神と同体となって発している、という意味だというのである。

次に、まつり、まつる、の意味について、次のようにいう。

天皇の「食国の政に於ての、最大切な為事（しごと）は何であるか、と云へば、其は、天つ神から授けられた呪詞を仰せられる事である」。

「まつるは、命ぜられた事を行ふ意味である。端的に云へば、唱へ言をする事である」。

「天神の仰せ言を受けて、唱へ言をせられる其行事及び、其唱へ言をしての収穫を神に見せるまでが、所謂祭事（いわゆるまつりごと）であって、其唱へ言の部分が祭りである」。

「言ひ換へれば、みこともちをして来た、其言葉を唱へるのがまつりで」、「其が中心になっている行事が、祭り事なのである」。

次に、祝詞の力について、つぎのようにいう。

「みこともちをする人が、其言葉を唱へると、最初に其みことを発した神と同格になる」「更に又、其詞を唱へると、時間に於て、最初其が唱へられた時とおなじ「時」となり、空間に於て、最初其が唱へられた処とおなじ「場処」となる」

「一たび其祝詞を唱へれば、其処が又直ちに、祝詞の発せられた時及び場処と、おなじ時・処となるとするのである。私は、かういう風に解釈せねば、神道の上の信仰や、民間伝承の古風は訣らぬと思ふ」。

つまり、昔の人の思考では、祝詞を唱えることによって、時間と場所の移動が自由自在であったというのである。

商変しろすとのみのり　あらばこそ、我が下ごろも、かへし賜らめ　三八〇九

この歌は万葉集に収める歌である。折口は、この商変について、次のようにいう。

「「商変」といふのは、貸借行為の解放であって、一たび其詔勅が下れば、一切の債権・債務が帳消しとなるのである。そこで、其関係を男女の関係に当てはめて、軽い皮肉を云ったのが此歌である」。そうして、祝詞の力、天皇の詔勅の力の大きさをのべるとともに、中世によく発令された徳政令の淵源もここに由来するのであり、相当に古いものであることを指摘している。

「祝詞の力一つで、時間も元へ戻るし、又場所も、自由に移動する。即、時間も空間も、

祝詞一つで、どうにでもなるのである」というのである。

3 日本書紀の「神道」と「惟神」

以上の追跡によって、明らかとなったこととして、次のようにまとめておくことができよう。

①用明紀と孝徳紀に記されている「神道」とは、中国古代の「神道」とは直接の関係はなく、日本古代の五世紀以降の大王（天皇）の王権を支える集団が思念し実践していた神祇信仰と神祇祭祀という意味であった。ただし、それはまだ宗教的な体系性が築かれていたものではなかった。

②孝徳紀の天皇の詔の中の「惟神も」の意味は、皇祖神「天照大神が」の意味である。注記は後世の追注であり、その「詔」の文意と文脈を理解できていない人物による訓詁学的な注釈に過ぎない。

③日本古代の「神道」を考える場合には、祝詞の中の「みこともち」と「かむながら」の思想を的確にとらえる必要がある。「惟神（かむながら）」とは、祝詞の中の「みこともち」の思想、つまり「みこともち」をする人が、その言葉を唱えると最初にその「みこと」を

発した神と同格になる、という思想と連動したものである。「かむながらおもほしめす」は、天神（あまつかみ）の「みこともち」たる天皇（すめらみこと）の発せられる言葉であり、天皇の「おのれの考えは即、神の考えである」、天皇が「いま言われ思われていることは、皇祖神天照大神と同体の神なるおのれの考えと同じである」という意味である。
④折口は、このような祝詞の中の重要な言葉の意味も、しかし、時代とともに絶えず浮動し、漂流していることにも注意する必要があるという。古い姿が形骸化しながらも残っている場合と、まったく変化して古い意味とは異なっている場合との、両方があり、そこに比較研究の有効性があるというのである。「かむながら」の意味も、万葉集の宮廷歌人の時代にはもうすでに古い意味が忘れられてきていたのである。

第二章

古代神道

——古代国家と古代天皇

1　律令制下の神祇祭祀

律令制下の古代天皇と古代国家の神祇祭祀は、神祇官を中心に行なわれた。年間の祭りは、

祈年祭(としごいのまつり)（新たな年穀の豊穣祈願）
月次祭(つきなみのまつり)（季節と稲作の順調な運行祈願）
新嘗祭(にいなめのまつり)（収穫感謝と天皇の新穀摂取と霊力更新増強）

を中心とするもので、とくに祈年祭と月次祭に際しては、その祭りを執行するに先立ち、全国各地の選ばれた由緒ある神社から、祝部(はふりべ)たちが神祇官に招集された。そして、神々への供物である幣帛(みてぐら)を前に、神祇官の役人の中臣氏がまず祝詞を読みあげ、続いて忌部氏が居並ぶ祝部たちに、その幣帛を班給した。全国からやってきた祝部たちはその幣帛をそれぞれ自分の国元へと持ち帰り、その国の有力神社へと捧げて、神祇官と同じような祈年祭や月次祭を各地の有力神社で執行した。

つまり、「稲の王」としての天皇の神祇祭祀の体系、それが古代の「神道」だったのである。

†幣帛班給制

大宝元年（七〇一）に制定された大宝令の中の神祇令の規定には、次のようにある。

「それ祈念・月次の祭りには、百官、神祇官に集まれ、中臣、祝詞を宣べ。忌部、幣帛（みてぐら）を班（あか）て」

このような神祇官から諸国の神社への幣帛（へいはく）の班給には、いったいどのような意味があったのか。

第一には、律令国家の成立以前は、全国の神々はそれぞれの地方の首長が国造などとして自分たちの祭る神として祭祀していたのであったが、それが、新たな律令制下では、国造など従来の地方の首長に代わって、天皇が神祇官を通じて直接的に全国の神々を一括して祭るという体制となった、ということである。

第二には、皇祖神と天皇の祭りに捧げられた稲穂や幣帛など、前年の最良の収穫物が、全国各地から参集した祝部たちに班与され、それを通じて全国の神々の祭祀が行なわれるかたちとなった、ということである。

毎年もっとも重要であったのは、その年の豊年を祈る二月の祈年祭であった。その祈年祭における中臣の祝詞には、次のようなことが唱えられていた。

> 高天原に神留坐す、皇睦、神漏伎命、神漏彌命をもちて、天社国社と称辞竟え奉る皇神等の前に白さく、今年二月に御年初めたまはんとして、皇御孫の命のうづの幣帛を、朝日の豊逆登りに、称辞竟えまつらく、と宣る。
>
> 御年の皇神等の前に白さく、皇神等の依さしまつらむ奥つ御年を、手肱に水沫かき垂り、向股に泥かき寄せて、取り作らむ奥つ御年を、八束穂の茂し穂に、皇神等の依さしまつらば、初穂をば、千穎八百穎に奉り置きて、瓱の上高知り、瓱の腹満て双べて、汁にも穎にも称辞竟え奉らむ

つまり、皇祖神と皇御孫たる天皇の祈念によって豊かに稔った稲穂や種々の幣物をもって今年の生産に励めば、ふたたびその霊力の加護により、豊かな収穫が期待できるというのである。この祭りに供えられている御年とは稲穂や種々の幣物という意味であり、そ

れは、皇祖神と皇御孫たる天皇の霊力で満たされており、豊作をもたらす力をもつものと考えられていた。それを全国から集められた祝部たちがもって国元に帰り、その国の有力神社の祈年祭に供えて種籾として田に蒔けば、皇祖神と皇御孫たる天皇の絶大な霊力のおかげで豊かな収穫が期待できると考えられていたのである。そして、その収穫物の中から、神々の加護への感謝、皇祖神と皇御孫たる天皇の霊力への感謝のしるしとして、毎年の新鮮な初穂が捧げられたのである。

そして、その初穂の捧げ物が、皇祖神と皇御孫たる天皇の新嘗祭の嘗物（なめもの）と祈念祭の幣帛（みてぐら）として、あらためて霊力を付与されて、次の年の祈年祭でふたたび全国の祝部へと班給されて神々に供えられるというしくみができあがっていたのである。

†春時祭田と初穂の献納

このような、当時の地方での春秋の祭祀の、具体的な実態について知らせてくれるのは、大宝令の中の儀制令の春時祭田条の記事である。そこには次のようにある。

凡そ春時の祭田の日には、郷の老者を集めて、ひとたび郷飲酒礼を行なえ。人をして長を尊び老を養う道を知らしめよ。其れ酒肴等の物は公廨（くげ）を出して供せよ。（春の田の祭りの日には、郷村の老齢者を集めてみんなで酒盛りの宴を行ないなさい。長上を尊敬し、老人をいたわり養う道徳の大切なことを人びとに教えなさい。酒盛りの費用はすべて公けの税物の稲米を使いなさい。）

というのである。

そして、『令集解』に収めるこの条文の注釈書によれば、より詳しく、当時の状況について次のように記している。

諸国の郡郷里制のもとでの村々には、村ごとに社の神が祭られている。社の首（おびと）と呼ばれる神主がいて、春秋の豊年祈願と収穫感謝の祭を司っている。村人が他所に出かけるときは、その身体の安全祈願のためとして神幣（みてぐら）を出させ、収穫時には家ごとの収穫量に応じて、初穂の稲米を神々に捧げ、また出挙を行なって利息を得ている。祭田の日には神々に献上する酒と食物を用意し、老若男女を問わず、村人すべてを社に集めて、飲食物をふるまう。それが春秋二時の祭りである。そして、その場で、国家の法、租税の法とは、初穂の献上と同じことであると教えている。

つまり、中央の朝廷で、神祇官を通じて行なわれる祈年祭・月次祭・新嘗祭は、全国から参集した祝部（はふりべ）たちを通じた幣物の班給によって、地方の国はもちろん郷や村の神社の祭祀のレベルにまで連携し循環していたのである。そして、租税の基本的な意味づけの根底には、収穫感謝のための神への新穀、初穂の奉納という意味があったのである。

したがって、このような幣物の班給は、地方の行政や神社祭祀の現場においては、ひじょうに重要なものと考えられていた。だから、その班給に漏れてしまったような場合には、一大事件ともなった。たとえば、武蔵国入間郡の出雲伊波比彦神は、その幣帛班給に漏れてしまったため、それを非として、神火と称して同郡に置かれていた国家の正倉に火をかけ、備蓄されていた穎穀（種籾）を焼いて、ふたたび班給されるように訴えたのであった。

しかし、その一方では、逆に神祇官に幣帛を受け取りに行かない神社の例が、次第にあらわれはじめる。宝亀六年（七七五）六月一三日の太政官符によると、祈年祭などの幣を班つ日に、神祇官に参集しない祝部たちが出てきた、今後このようなことがあってはならない、もし改めないときには祝部の地位を解く、と宣言している。

神祇官を中心とした全国の有力神社への祝部を通じたこのような幣物班給の方式は、こうして、やがてはその実効が揺らいでいくことになるのであるが、少なくとも八世紀の律令国家体制のもとでは、その実効性は維持され継続していた。そして、実際にそのような国家祭祀としての神祇祭祀が制度的に整備され機能していたのであった。

そのような、律令神祇祭祀が比較的に安定的であったと考えられる八世紀の国史である続日本紀には、とくに「神道」という語が用いられていなかった。この事実は実はたいへん重要である。あたりまえのことはあたりまえなのであり、とくにその名前も呼称も必要なかったのである。

その「神道」という語が、あらためて現れてくるのは、それが必要になってきたからである。柳田國男が、「延暦の新制」と名づけたような、古代の神祇祭祀を大きく変質させていった桓武天皇の朝廷においてであった。そして、そこでは、いまのべたような天皇による神祇官を通じての祈年祭・月次祭・新嘗祭などの齋行という国家的な神祇祭祀が、あらためて「神道」と呼ばれているのである。

2 儒教道徳や仏教信仰の浸透

†桓武朝の「神道」

その桓武朝以降の、続日本紀をはじめとする国史の記す「神道」とは何か、それは、天皇による国家的な神祇祭祀という意味である。それについて、記事にそって確認してみよう。

延暦元年（七八二）七月二九日、昨年末（七八一年）一二月の光仁太上天皇の死去によって桓武天皇の服喪が長期にわたっており、神事が停滞し種々の支障が生じていた。そのため、服喪期間の短縮を願う上奏が、右大臣已下、参議已上によってなされ、それを容認する詔が桓武天皇から発せられた。

その上奏文の中に

神道難誣、抑有由焉（神道の誣ひ難き、抑由有り）、

という文言がみえる。

頃日、災異荐に臻りて、妖徴並に見れたり。神祇官・陰陽寮並に言さく、「国家の恒祀は例に依りて幣を奠ると雖も、天下の縞素、吉凶混雑す。茲に因りて、伊勢大神と諸の神社と、悉く皆祟らむとす」とまうす。如し凶を除き、吉に就かずは、恐るらくは、聖体不豫することを致さむか、

神道の誣ひ難き、抑由有り。伏して乞はくは、曾閔が小孝を忍びて社稷を重任とし、仍て凶服を除きて人祇に充てむことを」とまうす、

とある。

つまり、百官人らが喪服を着用して神事に参加するため、吉事であるはずの神事が凶事と区別がつかなくなってしまい、混乱してしまっている、そのため伊勢大神と全国の諸社の祟りが起ころうとしている、凶を除き吉につかなければ、天皇が病気になるおそれもある、やはり「神道をけがすことはできない」、だから、天皇は「社稷を重任とし」、国家的王権の神社祭祀を重視していただきたい、というのであった。国家的王権祭祀である神祇祭祀を天皇は何よりも重視すべきだという意味であり、ここでいう「神道」とは、「天皇による伊勢大神と諸々の神社の祭祀」という意味である。

その桓武朝の、延暦一七年(七九八)一〇月一一日の太政官符にも「神道」の文字がみえる。

太政官符　禁出雲国造託神事多聚百姓女子妾事
右得右大臣宣偁、奉勅、今聞、承前国造兼帯神主、新任之日即棄嫡妻、仍多娶百姓女子号神宮采女、便娶為妾、莫知限極。此是妄託神事、遂扇淫風。神道益世、豈其然乎。自今以後不得更然とあるのが、それである。

出雲国造が、神事に託して国内の百姓の女子を娶り妾としているのは、神事に託して淫風を煽るものだとして禁じる、というものである。これは、古くから古代王権の共通の習俗として、大王（天皇）に采女が献上されて神事や節会に奉仕していたのと同じく、出雲国造はその古代習俗をまだ伝承していたものと考えられる。

それに対して、桓武の朝廷は、それは神事に託して淫風を煽るものであるとして、これを禁じる、という処置をとったのである。この官符では、神道は世を益するものだ、としているが、そこには、古来の素朴な神祇祭祀とそれに関連する習俗に対する理解ではなく、新たな儒教的な道徳観の付加、という動向がうかがえる。つまり、この時期、桓武の中央王権は神祇祭祀を神道と位置づけてはいるのだが、それは世を益すべきものだ、とあらためて位置づけてもいたのである。

このころ、中央の天皇の律令制王権は、古い神事と習俗の中にあった采女を廃止して、儒教的な徳治思想を据えてきていたのであったが、それに対して、地方の出雲の王権はまだ古い神事と習俗であった采女の習俗を残していたのである。この太政官符は、その文章の末尾に、「筑前国宗像神主准此」と宗像の神主もこれに準じて采女の習俗を禁じるとしているが、この出雲や宗像のように、古代の神事と習俗としての采女の習俗を残し伝えていた事例も、まだこの延暦年間には地方に確実に存在していたことが、この記事からわかるのである。それは、かつての中央の王権が行なっていたのと同じ神事と習俗であり、各地の地方の王権も同様にそうした要素を備えていたと考えられる。

したがって、この「神道」の意味は、中央及び地方の王権の神祇祭祀という意味であったのであるが、それに加えて、この延暦年間の中央王権では、世を益するものだという儒教的な徳治思想の考え方がそれに付加されてきていたのである。

†平城朝の「神道」

次は、『日本後紀』大同元年(八〇六)五月朔日の、大伴親王(淳和)の平城天皇への上表文である。

「諱(淳和)上表曰、臣聞、崇高者天理忌其満盈、卑下者神道祐其謙虚、古今之攸同、聖哲之遺訓」。

これは、この年三月の父帝桓武の死去により、大伴親王(後の淳和天皇)が臣籍降下を願い出た上表文の冒頭の部分である。まもなく即位する平城天皇により、この臣籍降下は遺留され認められなかったが、この上表文では、崇高なるは天理、卑下なるは神道、とされており、聖哲や天理という文言からはここにも儒教的な徳治思想の影響がうかがえる。この「神道」は「天理」と対比されており、古代中国の前述のような儒教や道教や仏教の思想の中での多義的な「神道」という意味の文言である。したがって、この「神道」は天皇の神祇祭祀という意味ではない。

†嵯峨朝の「神道」

次は、『日本後紀』弘仁三年(八一二)七月朔日の、嵯峨天皇の勅である。

「頃者疫旱竝行、生民未安、静言于此、情切納隍。但神明之道、轉禍為福。庶憑祐助、除此災禍、宜走幣於天下名神」。

これは、近年の疫病や干ばつの被害が深刻であるのに対して、神明の道にしたがい禍を転じて福となすために天下の名神の神社に奉幣するという内容である。この神明之道が神道に通じるものとすれば、この神明の道とは国家的王権祭祀としての神祇祭祀の意味であり、先の桓武朝の延暦元年（七八二）の「神道」に通じるものである。

また、『類聚国史』神祇部一一には、同じ嵯峨天皇の弘仁七年（八一六）七月癸未二〇日の勅が収録されている。

「勅、風不時、田園被害、此則国宰不恭祭祀之所致也、今聞、今茲青苗滋茂、宜敬神道大致豊稔、庶俾嘉穀盈畝黎元殷富、宜仰畿内七道諸国、其官長清慎齋戒、奉幣名神、禱止風雨莫致漏失」。

これは、田園と稲作の被害は国宰が祭祀を恭しく行なわないことによるのであり、神道を敬えば豊かな稔りが得られるであろう、という内容である。この神道も、国家的王権祭祀である祈年祭や月次祭を中心とする神祇祭祀という意味であり、延暦元年（七八二）の「神道」に通じるものである。

†淳和朝の「神道」

『類聚国史』一一神祇部には、また淳和天皇の天長五年（八二八）八月丁丑二四日の宣命も収録されている。

「禱北山神、其詞曰、天皇我詔旨止、北山神爾申給倍止申久、去五月廿三日、嶺谷崩潰天京中水溢利、疑是常政有闕波加、為當神道有妨波加、因茲天念所行志畏知懼見賜不、大神奈此意乎知食天、天下平介久、恵給比助給尓依天奈毛、事無波可有支止之天、侍従従四位下高枝王、神祇少副正六位上大中臣朝臣礒守差使天、禮代乃幣乎令捧賫天、献出事乎申給止申」

これは、去る五月二三日の北山のがけ崩れと京中の大洪水の原因が、北山神の祭祀が不十分であったためではないか、ということで、淳和天皇が侍従と神祇少副を差し遣わして北山神に幣束を捧げて祈禱したというものである。この神道も国家的王権祭祀としての神祇祭祀の意味であり、延暦元年（七八二）の「神道」に通じるものである。

淳和天皇といえば、先の大同元年（八〇六）五月朔日の、まだ大伴親王であった時点での上表文では、崇高なるは天理、卑下なるは神道、と位置づけていた人物である。また、承和七年（八四〇）五月の崩御に際しては、薄葬と散骨の遺詔を発して、実際に遺骨は粉砕され大原野の西山の嶺に散骨された人物でもある。そのような儒教的な道徳観や仏教的な無常観をもっていた人物としての淳和天皇であっても、天皇という国家的な神祇祭祀の担当者としての立場からは、このような神祇祭祀の重要なことを意味する「神道」の詔を発しているのである。

†仁明朝の「神道」

しかし、次の仁明天皇の勅になってくると、大きな変化があらわれる。『続日本後紀』承和三年（八三六）一一月朔日の勅には、つぎのようにある。

「勅、護持神道、不如一乗之力、転禍作福、亦憑修善之巧。宜遣五畿七道僧各一口、毎国内名神社、令読法華経一部、国司検校、務存潔信、必期霊験」。

つまり、神道を護持することは一乗の力に如かず、というのである。五畿七道に僧を派遣して各国内の名神の神社において法華経を読誦させる、国司もこれを検校し精進潔斎して必ずや霊験を期するように、というのである。ここでは、神道は仏法に従属するものとされており、天皇の勅がこのようなかたちで出てきたということは、すでに古代の天皇の神祇祭祀が、仏教的な思考を混在させてきており、さらにはそれを優先させるものへと変質してきていたということを示す。

また、仁明天皇の承和一五年（八四八）六月五日の勅には、次のようにある。

「勅曰、霊心演貺、佇休暦而必臻、神道効禎、在至仁而感斯」。

つまり、神道が正しく幸いなる効果を発するのは仁の心に徹することによってである、というのであり、ここには「神道」への儒教的な徳治思想の付加がうかがえる。

このように、前の淳和天皇の時代にはまだ古代的な天皇祭祀としての神祇祭祀というかたちが伝承されていたのであったが、次のこの仁明天皇の時代になると、それが崩れてきていたということがわかる。旧来の神道に対して、それよりも仏教の威力への信仰が、また儒教的な徳治思想の考え方が、中央権力の内部では深く浸透してきていたのである。

第三章

神身離脱と三宝帰依

1 神々の託宣と神宮寺建立

八世紀の奈良時代のこと、不思議な話がいくつも伝えられている。義江彰夫氏(『神仏習合』岩波新書)も注目しているように日本各地の神々が、自分はいま煩悩の闇の中で苦しんでいる、早く神であるこの身を離れて、仏に帰依して救済されたい、というのである。

†伊勢国の多度大神の託宣

伊勢国桑名郡、養老山地の南端に多度山という山がある。そこに祭られているのが多度大神で、その神を祭る多度大社は古くから近郷近在の多くの人たちの信仰を集めてきている。そして、古い由緒を伝える神宮寺も建立されている。その多度神宮寺の縁起を語るのが、延暦二〇年(八〇一)の『伊勢国桑名郡多度神宮寺伽藍縁起幷資財帳』(平安遺文二〇)である。そこには次のような不思議な、そして興味深い記事がみえる。

天平宝字七年(七六三)一二月のこと、神社の東にある井戸のそばの道場で、満願禅師が阿弥陀仏の仏像を造っていた。そのとき、ある人に多度大神がのりうつり、次のような託宣をくだした。

「我れは多度神なり。吾れ久劫を経て重き罪業をなし、神道の報いを受く。いま冀わくは、永く神の身を離れんがために、三宝に帰依せんと欲す」。

この神の託宣を聞いた満願禅師は、その神が鎮座する多度山の南辺の雑木を伐採して、そこに小堂を建てて、多度大菩薩と称する神像を安置した。これが多度神宮寺のはじまりである。つまり、多度神は、長きにわたって重い罪業をなし、神道の報いを受ける身となってしまった、いまその苦しみから脱するためには、永久に神の身を離れることが必要である、そのためにぜひとも仏教に帰依したい、というのである。

†若狭国の若狭比古神の託宣

このような、日本各地の土地ごとの由緒ある神社の祭神が、神の身を捨てて仏法に帰依して救済を求めようとした例はほかにもあった。

たとえば若狭国の若狭比古神の例である。『類聚国史』一八仏道部諸寺の天長六年(八二九)三月一六日付の記述の中に、次のようにある。淳和朝のことである。

「若狭国比古神、以和朝臣宅継為神主、宅継辞云、據検古記、養老年中、疫癘屢発、病死者衆、水旱失時、年穀不稔、宅継曾祖赤麿、帰心仏道、練身深山、大神感之、化人語宣、此地是吾住處、我稟神身、苦悩甚深　思帰依仏法　以免神道　無果斯願致災害耳、汝能為吾修行者、赤麿即建道場造仏像、号曰神願寺、為大神修行、厥後年穀豊登、人无夭死云々」。

つまり、養老年中（七一七―七二四）に疫病が頻発し、病死する者も多く、天候不順で穀物も稔らなかった。そのころ神主の和朝臣宅継の曾祖父の赤麿なる人物が仏道に帰依していて、深山で修行を行なっていた。若狭比古神はこれに感じ、人の姿に化身して語りかけた。この地は私が住んでいるところだ。私は神の身を受けたために、苦悩が甚だ深い。仏法に帰依し、神道から免れたいと思っているが、その願いがまだ果たされないので、このように災害を起こしているのだ。あなたは私のために修行してもらいたい、と。それを聞いた赤麿は、すぐに道場を建てて仏像を造り、神願寺と名づけて、大神のために修行した。その後は穀物もよく稔り、人びとも若くして死ぬようなことはなくなった。

†近江国の陀我（たが）大神の要請

日本霊異記（下巻第二四）にみえる次の話は、すでに仏堂は建立されていたのだが、白猿となって祟りをなしている神が法華経の読誦を求めた話である。

近江国野洲郡の御上神社の祭神、陀我大神をめぐる話である。その神社のほとりに仏堂があった。光仁天皇の御世の宝亀年間（七七〇―七八一）のことである。そこに平城京の大安寺の恵勝という僧侶が、しばらくのあいだ居住して修行を積んでいた。ある夜の夢で、一人の人物が現われて「我がために法華経を読め」といった。恵勝は驚いて目覚めたが、その翌日、恵勝の前に、小さな白猿があらわれて、「この道場で我がために法華経を読め」といった。その白猿がいうには、自分はもと天竺の大王であったが、僧侶の従者が増えるのを妨害したために罪をえて、死後に猿になってこの神社の神になったのだという。

恵勝が、では供養の料として稲籾を供えよ、と答えた。しかし、それはできないと白猿はいった。なぜなら「朝庭（朝廷）の臣、我に賜う。而るに典れる主（神社の神主）ありて、己が物と念いて、我に免さず。我、恣に用いず」と。つまり、収穫される稲籾は朝廷から御上神社の神である自分に供えられたものなのだが、御上神社の神主が自分のものだと考えていて、神である自分の意のままにはならないのだと、その理由をのべた。

その後、やや紆余曲折があったのち、恵勝が、法華経の読経で自分を供養せよという白猿のいうことを信用して、その願いをかなえてやったところ、神の祟りが止んだという。

ここでは、朝廷から下賜された稲籾が、この陀我大神を祭る御上神社に奉納されているということが記されている。それはまさに前述のような、律令国家の重要な神祇祭祀である神祇官における祈年祭に参加した近江国の祝部が、神祇官から班給された幣帛と稲籾を国元のこの御上神社にも奉納していたことを示している。このような朝廷からの祈年祭の幣帛と稲籾を班給され、毎年の豊年を祈念し祭祀している地方の神社とその神であっても、仏教の立場からすれば、白猿になって迷い祟りをなしており、仏法による救済を求めている神にすぎないと位置づけられていたのである。

†越前国の気比大神の夢告

このような、神々が煩悩のために神身離脱と三宝帰依を願うという話題のもっとも早い例として知られるのは、八世紀前半の『藤氏家伝・下（武智麻呂伝）』に記されている、越前国の気比神社の神宮寺の縁起についての伝承である。

霊亀元年（七一五）のこと、藤原武智麻呂は夢の中で、容貌が異常な不思議な人物と出会った。その人物がいうには、あなたが仏法を篤く信仰していることは、人も神もよく知っている。そこで、私のために寺を造り私の救済の願いを助けてもらいたい。私は、前世からの宿業によって神のままに止まってしまっている。いま仏道に帰依し修行を積んでいるが、まだその良い因縁を得ることができていない。だから、あなたにお願いに来たのだ、と。

武智麻呂は、これはおそらく気比の神であろうと考えた。そして、返事をしようとしたところで目が覚めた。そこで、武智麻呂は、神と人とは住んでいる世界がちがいます。ですから、昨夜の夢の中の人が誰だかわかりません。神としてもし霊験を示してくだされば、必ず寺を建てましょう、と祈りを捧げた。すると、その神は優婆塞の久米勝足を摑んで高い木の末に置いて霊験を示した。そこで、武智麻呂は、これはたしかに実の神であると知り、ついに一寺を建てた。いま越前の敦賀の気比神社にある神宮寺がこれである。

†中国仏教にもみえる神身離脱と三宝帰依

このような動きとしては、ほかにも常陸国の鹿島大神や山城国の賀茂大神が同じような神宮寺の建立の縁起を伝えており、八世紀における地方の有力神社における神宮寺建立の縁起として流布していた動向がうかがえる。そこで、注目されるのは次の二点である。

①すでに奈良時代の八世紀前半からみられた動きであった。

②多くが神宮寺創建の縁起として語られている。

それは、八世紀前半の聖武朝においてすでに中央政府における鎮護国家の仏教信仰の高揚、東大寺創建と宇佐八幡宮からの八幡神の勧請、という動きがあり、また地方でも国分寺と国分尼寺の建立という動きがあった時代であったからだと考えられる。これらの縁起類が伝える地方の有力神社への神宮寺の建立という動きは、そうした中央の朝廷での仏教信仰の高揚とその地方への波及という潮流の中にあったものと位置づけられる。

そして、もう一つ重要なことは、次の事実である。

③このような神々の神身離脱の願いという話題は、ただ日本だけでなく、実はすでに古代中国の『高僧伝』『続高僧伝』の中にみられたものであった。

つまり、神々の神身離脱と三宝帰依への願いというのは、必ずしも日本だけではなかったのである。

たとえば、唐代の道宣撰『続高僧伝』(六四五年成立)巻二五・法聡伝によると、嘉興県の高王神なる神は、祝に憑依して法聡法師から菩薩戒を受けたいと要求して、以後供物には「酒肉・五辛」の一切を断ち、自分に福を祈りたいときは、廟前に僧を招いて設斎・行道せよといったという。

また、海塩県の鄱陽府君神は、祝を通じて、法聡を招いて自分のために「涅槃経」を講ずることを望み、その終わり近くなったとき、これまた祝を介して、神とはめんどうなものである、「法師の講説を蒙り、法言を稟くることを得たり。神道業障多く苦悩あり。法を聴きてよりこのかた、身の鱗甲内の細虫苦を噉ひ、已に軽昇を得たり」と大いに感謝したという。

つまり、土着の神々の神身離脱と三宝帰依という信仰は、中国仏教においても存在したのであり、もともと仏教自体が内在させていた教説によるもの、と位置づける方が自然なのである。

したがって、このような神々の神身離脱と三宝帰依という信仰と神宮寺の建立の話の中で使用されている「神道」は、いずれも「仏道」と対比されているものであり、それは、前述のような、古代中国以来の多義的な「神道」である。だから、律令制下の天皇が神祇官を通じて行なっていた国家的な神祇祭祀という意味での「神道」ではまったくないのである。

同じ「神道」という語であっても、それぞれこの語が使用されている文脈によってその意味は異なるのであり、その点こそが、この「神道」という語の特徴なのである。

2　包括力の強い「神道」という語

どんな意味でも吸い込んでしまう語としての「神道」という語の歩むこれからの歴史の

特徴も、まさにこの点にあるのである。

それはかつて折口信夫が、一九二二年（大正一一）二月の「神道の史的価値」（『皇国』第二七九号一九二二）という論文で、当時の「神道」について指摘していた点でもあった。

その論文で折口は、「神道」という語について、神道は包括力が強くさまざまな思想が入り込んでいるので、神職たる人は真偽の判断ができる直観力を磨かなければならない、神道は「どんな新しい、危険性を帯びた思想でも、細部に訂正を施して、易々ととり込む事の出来る大きな腹袋を持って居るやうに見える。処が世間には間々、その手段を逆に考へて、神道にさうした色々な要素を固有して居た、と主張もし賛成もする人が、段々に殖えて来」ている。そして、そうした考え方が「宣伝又宣伝で、どしどしと羽をのしていく。常識から見ての善であれば、皆神道の本質と考へ込む人々の頭に、さうした宣伝が、こだはりなしにとり込まれ、純神道の、古神道の、と連判を押される事になる」、といって警鐘を鳴らしている。

本書でこれからみていく、中世の神道、近世の神道、近代の神道、それらに一貫して見出すことのできる特徴とは、まさにこの、どんな意味でも吸い込んでしまう「神道」という語の包括力の強さなのである。だからこそ、それぞれの文脈における「神道」の意味をしっかりと確認していくことが必要である。

「神道」とは何か、その多様な用例を一つ一つ歴史の変遷の中に整理しながら、その範囲をたしかにつかまえていくこと、それこそがいちばんに大切である。神道は、流動的な歴史をもって伝えられているものなのであり、その実態はいわば動画であり、それを静止画としてある時期の神道をもって、真の「神道」とはこれだ、というふうに、固定化させて考えるのは、大きなまちがいのもとなのである。

3 幣帛班給制の解体

このののち、天皇がその律令政府と神祇官を通じて行なっていた国家的な神祇祭祀という意味での「神道」は変質をとげることになる。その中心的な祭祀であった祈年祭・月次祭・新嘗祭に伴っていた幣帛班給制が、九世紀から一〇世紀にかけて解体していく。全国諸社の祝部たちが神祇官に参集して幣帛を受け取ることを次第にしなくなってくるのである。

嵯峨天皇の弘仁八年（八一七）二月六日に発せられた太政官符によれば、

祈念祭・月次祭・新嘗祭の日に、諸国諸社の祝部たちは怠慢して神祇官に参集して幣帛を受け取ることをしなくなってきた、再三教導しているにもかかわらず常習化し不謹慎を重ねている。このまま従わないときは、光仁天皇の宝亀六年（七七五）の太政官符にのっとって、祝部の職を解任せよ、

と命じている。

また、文徳天皇の斉衡二年（八五五）五月二一日の太政官符には、次のようにある。

> 武蔵・下総・安房・常陸・若狭・丹後・播磨・安芸・紀伊・阿波など、遠隔地の神社への幣帛は、これらの諸国の祝部たちが神祇官に受けとりに来て、諸国の神社に供えねばならないのに、近年は緩怠して取りに来ないようになった。このため、神祇官の倉庫にはこれらの幣帛が積み上げられたままである。これは、彼らの国々が遠方にあり、上洛下国することが難渋であるという理由によるものである。したがって今後は、朝廷と諸国を往還する貢調や大帳等の使者に託して各々の国に届けるようにする。

つまり、一定の妥協策が講じられてきたのである。

続いて、貞観一〇年（八六八）六月二八日の太政官符では、次のようにある。

五畿内と近江国など平安京に近い諸国でも幣帛班給を懈怠する例が出てきた。それに対して、それらの国々の祝部には上祓（かみつはらえ）という神事の上での刑罰を与え、それでも改めないときは解職する。

つまり、懈怠する祝部には、罰則を以て対応するというのである。

その後、貞観一七年（八七五）三月二八日の太政官符では、さらに強い姿勢を示した。

斉衡二年（八五五）に採用していた貢調や大帳等の使者に託して幣帛を諸国国衙に届けて、国司から祝部に班給させるという方式をあらためて採用することとする。そのかわり不受理の祝部に対しては、上祓（かみつはらえ）という神事の上での刑罰を与え、それでも改めないときは解職する。

しかし、諸国の祝部たちの幣帛班給不受理という動向は、すでに防ぎようのない状態へとなってきており、最終的に寛平五年（八九三）と同六年の太政官符では、国ごとに国司の一人が諸社の祝部を引率して上京し神祇官での幣帛の班給にあずかるべし、という本来の方針を徹底しようとする命令を発したが、それはすでにむりやりの命令であり、もはや事実上不可能なものであった。

つまり、このような事態が現れてきたことは、それまで律令制神祇祭祀の根幹であった、天皇による神祇官を通じた全国の神々に対する幣帛班給制の解体、を意味するものであった。それは、古代天皇によるそうした国家的神祇祭祀を意味していた「神道」の解体でもあったのである。

第四章

中世神道——混沌と創造

古代の「神道」が、「稲の王」としての天皇の、祈年祭・月並祭・新嘗祭を中心とする神祇祭祀であったのに、それが崩れてきたというのである。では、その後、どうなったのであろうか。それを追跡してみよう。

1　律令官人と日本書紀の講筵

天皇が神祇官を通じて行なっていた律令制下の幣帛班給制という国家的な神祇祭祀の体系が徐々に解体していった中でも、天皇と神祇祭祀の根幹を記録した古典である日本書紀の講読はまだ継続されていた。

それを日本紀講筵といった。その日本紀講筵は、日本書紀を国家の創始の歴史書と位置づけていた律令国家の根幹をなす公的事業であった。それは以下木越隆氏も指摘しているように、弘仁度から康保度まで約一五〇年間にわたって、それぞれ約三〇年間隔で継続され、計七回行なわれていた。参議など政府の高官や当代一流の漢学者が中心となって日本書紀の正しい訓読を目的とするもので、律令貴族たちが一生に一回は経験できる講筵でもあった。

①養老五年（七二一）
②弘仁三年（八一二）六月二日から翌四年（日本後紀）
③承和一〇年（八四三）六月一日から翌一一年六月一五日まで（続日本後紀）
④元慶二年（八七八）二月二五日から同五年六月二九日まで（日本三代実録）
⑤延喜四年（九〇四）八月二一日から同六年一〇月二二日まで（日本紀略）
⑥承平六年（九三六）一二月八日から天慶六年（九四三）九月まで（日本紀略）
⑦康保二年（九六五）八月から終講は不明で村上崩御（九六七）で中止か（日本紀略）

このうち、①養老五年（七二一）は、『釈日本紀』の開題の「康保二年（九六五）外記申」に書かれているものであるが、これは講書というよりも、前年成立の日本書紀の披露であったと考えられる。講師はいずれも当代一流の漢学者であり、

②弘仁度は、散位従五位下多人長が「執講」、参議紀広浜、陰陽頭阿倍真勝、大外記大春日穎雄、文章生滋野貞主たちが行なった講筵で、開催場所は外記曹司であった。

③承和度は、散位従六位下菅野高年（「令知古事者」）が中心で、参議滋野貞主、文章博士春澄善縄が行ない、開講場所は内史局であった。

④元慶度は、「博士」大学助教善淵愛成、「都講」大内記島田良臣で、あとで「都講」に大

学寮の明経生（儒学）と紀伝生（文学・史学）を三、四人追加して行なわれたが、この時の参加者の中には太政大臣藤原基経がおり、当時ひじょうに重視された講筵であったと考えられる。開講場所は内裏の宜陽殿（紫宸殿の東隣）の東廂の間であった。「博士」は講莚の中心的存在で、「都講」は研究者をまとめる役、「尚復」は復習し研究成果を確実にする役であった。

⑤延喜度は、「博士」大学頭藤原春海、「尚復」学生葛井清鑑、矢田部公望、藤原忠紀で、開講場所は不明である。

⑥承平度は、「博士」矢田部公望、「尚復」橘仲遠で、開講場所は内裏の宜陽殿（紫宸殿の東隣）の東廂の間であった。

⑦康保度は、「博士」橘仲遠で、開講場所は内裏の宜陽殿（紫宸殿の東隣）の東廂の間であった。

延喜度の「尚復」矢田部公望が、承平度では「博士」を、承平度の「尚復」橘仲遠が、康保度には「博士」を、それぞれ務めているように、同じ人物でもそのランクが上がっていることが注目される。しかし、一〇世紀半ばのこの康保二年（九六五）を最後に、これまで約一五〇年間も続いた日本紀講筵は行なわれなくなる。

それは、一〇世紀後半以降の宮廷では日本書紀への関心が薄れてしまったことを示す。

現実の政治が、旧来の律令制から新たな摂関制へという古代国家の大きな転換に連動するものであり、日本書紀の学習が一〇世紀後半以降の政治担当者にとって、現実的にあまり意味がないものとなってきていたためと考えられる。

2 律令祭祀制から平安祭祀制へ——「二十二社・一宮制」と「王城鎮守・国鎮守」

古代日本の神祇祭祀のあり方には、七世紀末から八世紀初頭の天武朝から大宝年間にかけて形成された神祇令を中心とする「律令祭祀制」と、九世紀から一〇世紀にかけて新たに形成されてくる「平安祭祀制」とがあり、その両者は時代的な推移の中でしばらくは共存・並行しながらやがて前者から後者へと移行していった。

古い律令祭祀制の特徴は、神祇官による運営、年中四度の祭祀つまり祈年祭・月次祭・新嘗祭が中心、全国の官社を対象としてその祝部たちが朝廷に幣帛を受け取りに来る幣帛班給制、という点にあった。それに対して、新しい平安祭祀制では、国家祭祀と天皇祭祀とが重なり合い、やがて天皇祭祀の性格が濃厚となる、という点が大きな変化であった。

律令祭祀制のもとでの全国の官社を対象とする幣帛班給制から、新たな平安祭祀制のもとでの京畿を中心とする十六社やのちの二十二社など特定の有力大社を対象とする奉幣制

図1　二十二社の分布

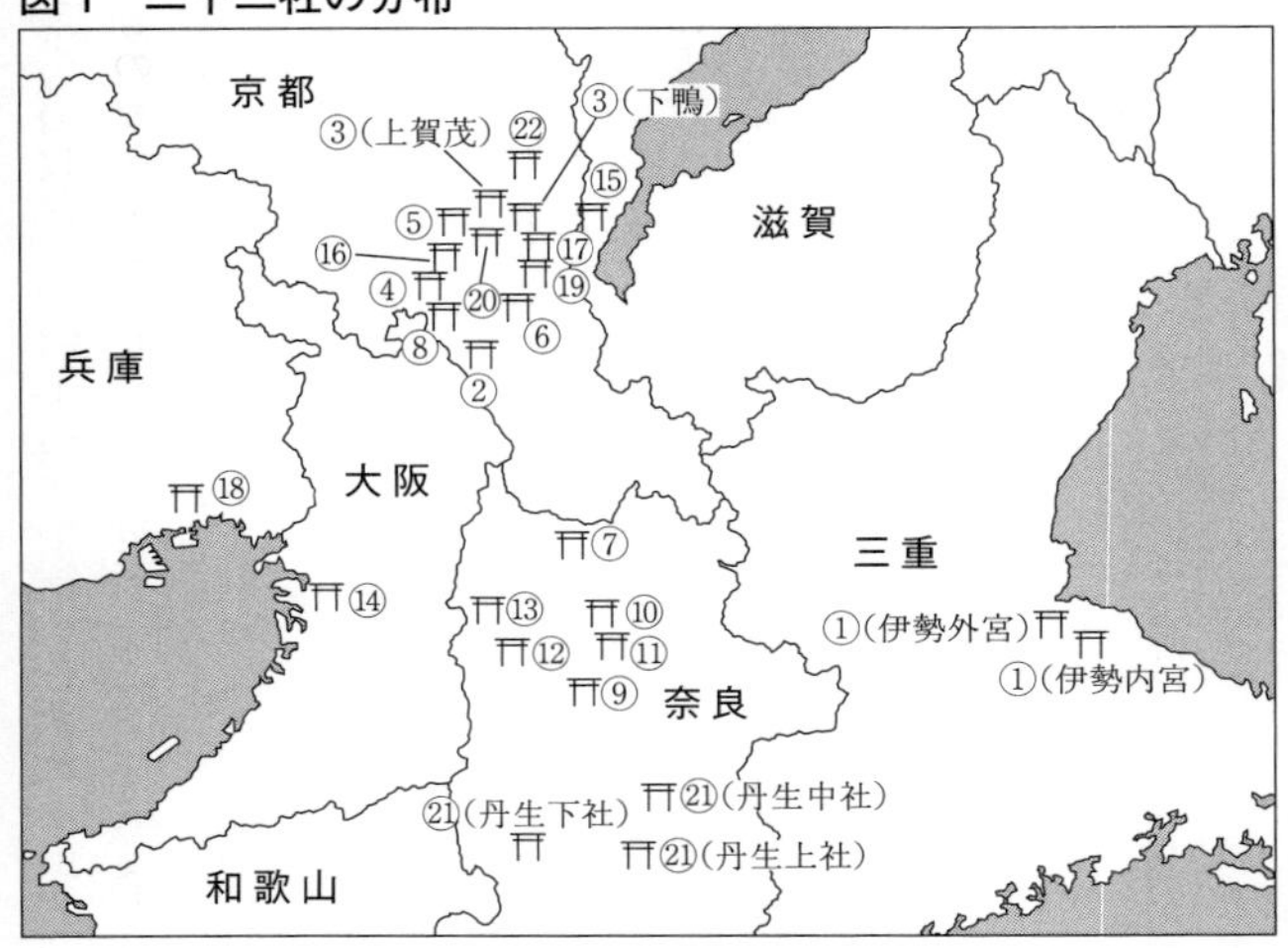

【上七社】

①太神宮（伊勢神宮／伊勢）
②石清水（石清水八幡宮／山城）
③賀茂（賀茂別雷〔上賀茂〕神社、賀茂御祖〔下鴨〕神社／山城）
④松尾（松尾大社／山城）
⑤平野（平野神社／山城）
⑥稲荷（伏見稲荷大社／山城）
⑦春日（春日大社／大和）

【中七社】

⑧大原野（大原野神社／山城）
⑨大神（大神神社／大和）
⑩石上（石上神宮／大和）
⑪大和（大和神社／大和）
⑫広瀬（広瀬大社／大和）
⑬龍田（龍田大社／大和）
⑭住吉（住吉大社／摂津）

【下八社】

⑮日吉（日吉大社／近江）
⑯梅宮（梅宮大社／山城）
⑰吉田（吉田神社／山城）
⑱広田（広田神社／摂津）
⑲祇園（八坂神社／山城）
⑳北野（北野天満宮／山城）
㉑丹生（丹生川上神社上社、丹生川上神社中社、丹生川上神社下社／大和）
㉒貴布禰（貴船神社／山城）

度へと転換し、旧来の祈年祭や新嘗祭とは別の、臨時祭が重視されるようになった。そして、二十二社の中の有力神社である賀茂社や石清水八幡宮などへの天皇の神社行幸がさかんに行なわれるようになった。

そのような変化の起点にあったのは、藤原氏の氏神である春日社の春日祭など、外戚の氏神祭祀を中心とした公祭制の成立であり、それは、わずか九歳の天皇を擁立して藤原良房が摂政となった清和朝（八五八―八七六）における一つの画期であった。その後、宇多朝（八八七―八九七）から以降は、賀茂臨時祭をはじめとする神社臨時祭の方式が成立するとともに、中央の有力神社の十六社から二十二社へ向けての奉幣制度が確立し、天皇の代替わりごとに大神宝使が遣わされるというかたちが制度として定着することとなった。このような平安祭祀制は、とくにその宇多朝から後三条朝（一〇六八―一〇七二）にかけて次第に成立していったものであったが、そうした中で、天皇祭祀の対象となった中央の二十二社が「王城鎮守」と位置づけられていったのである。

それに対して、地方の諸国で成立していったのが一宮制であった。では、その一宮制とは何か。古くは前述のように、律令祭祀制のもとで地方の官社への幣帛班給の制度つまり班幣制が行なわれていたのだが、遠隔地の神社の中には幣帛を受け取りに来ない事態も生まれた。そこで、延暦一七年（七九八）、全国の官社を二系統に分けて、神祇官から幣帛を直接受け取る官幣社と、諸国の国司を通して幣帛を受け取る国弊社とに区別することとした。国司はそこで朝廷から任命されて地方の任国に赴くと、その国内の有力神社への巡拝と班幣を行なうこととなり、それが「国司神拝」と呼ばれるものであった。

その後、平安中後期になると、国司の巡拝は任国内の有力な神社から順番に行なわれるようになり、その国司が巡拝する順番によって、一宮、二宮、三宮と呼ばれるようになった。それがやがて、巡拝を煩わしく思う国司の場合、国内の有力な祭神を一つの神社に勧請して集めて祭り、その神社に参拝することで神拝を済ませることとして、そのような神社が惣社（総社）と呼ばれた。そうした一宮と総社という祭祀形態は、一方では国司神拝の便宜上行なわれるようになったものであった。そして、同時に、もう一方では任国に下向しなくなった国司に代わって地方行政の中心的な存在となった任地の有力者でもある在庁官人たちにとって、その自らの神社祭祀の対象であり権威の象徴としての意味をもつこととなった。

そうして、平安京の天皇と摂関貴族にとっての中央の二十二社制と、地方国衙と在庁官人にとっての一宮制という、国内神祇祭祀の上での相互補完の体制が出来上がったのであった。その二十二社が「王城鎮守」、一宮が「国鎮守」と呼ばれたのである。そういう意味では、鎮守とか鎮守神というのは、中世日本の神祇祭祀の体系の中で成立していった神々の呼称であり、神社による国家鎮護の思想のもとでの位置づけを表す呼称であった。

3 御霊信仰と祇園御霊会

†仏教による神祇信仰の解読

先にみた八世紀の動向で、伊勢国の多度大神や若狭国の若狭比古神、そして近江国の陀我大神や越前国の気比大神のような、日本の神々が神身離脱と三宝帰依を求めるという動きの背景にあった思想とは何か。それは、前述のように、奈良時代のとくに聖武朝の全国への国分寺・国分尼寺の建立（七四一建立の詔）や東大寺の盧遮那大仏の造立（七五二開眼供養）という動きとともに浸透し定着してきた仏教の考え方であり、主に次のような思想であった。

(1)日本の神々は六道輪廻の中にあり、まだ解脱していない存在である。神々は迷える存在であり、仏の救済を必要としている。そこで、寺院境内に神宮寺を建ててそこで読経し供養する、神々はしかし神々のままであり、それによって解脱して仏になってしまうわけではない。

(2)神とは仏教を守護する護法神である。インドのヴェーダ(聖典)以来の神々も護法神であり、東大寺法華堂の帝釈天や梵天などが護法神として安置されているのもその例である。とくに東大寺大仏造立に当たっては豊前国の宇佐八幡神が手向山八幡として東大寺境内に勧請されて守護神とされた。東寺もその守護神を伏見稲荷社としている。こうした考え方は、すでに八世紀の奈良時代からみられたものであったが、平安時代の九、一〇世紀以降は、また新たな展開がみられるようになる。

(3)仏教の影響下で新たな神々が考えられるようになる。祇園社の祭神などがその典型例であり、はじめ祇園天神とされていたのが、のちに牛頭天王とされ、やがて素戔嗚尊と同体であると説かれるようになる。そこには仏教、陰陽道、神道などの混淆がみられる。その祇園社の祭神にも関係するのが御霊信仰である。その御霊信仰の潮流の中からは菅原道真(八四五—九〇三)の霊を祭った北野天満宮のような例もあらわれる。

(4)仏教の影響下で新たな神と仏の関係が説かれるようになる。神は実は仏が衆生の救済のためにその姿を変えてあらわれたものだという解釈である。本地垂迹の説であり、天台の教学の影響で広まり、日吉は釈迦、伊勢は大日というように、本地仏と垂迹神の関係が説かれるようになる。

怨霊と御霊

ここで、手順としてはまず、(3)の仏教の影響下であらわれてくる新しい神々について、追跡し解説してみることにしよう。

そこで注目されるのが、貞観五年(八六三)に神泉苑で催された御霊会である。崇道天皇以下の六所御霊に対して催された法会である。崇道天皇というのは、早良親王へ天皇号が追号されたものである。その早良親王とは、もと同母兄の桓武天皇の皇太子とされていたが、延暦四年(七八五)の造長岡京使の藤原種継の暗殺事件に連座して皇太子を廃され、淡路国に流罪になる途中、河内国高瀬橋付近において絶食の中で憤死した人物である。

その憤死事件の直後から、皇太子に立てられた安殿親王の発病、桓武妃の藤原旅子、乙牟漏の病死などがあいつぎ、やがて桓武天皇自身も病悩に苦しみ、そのころ疫病流行や洪水などがつづいたことから、早良親王の亡霊の祟りであるとしておそれられた。そこで、その怨霊に鎮謝して、延暦一九年(八〇〇)に崇道天皇と追号された人物であった。

神泉苑で御霊会が催された貞観五年(八六三)当時も、疫病が大流行しておおぜいの死者が出て社会不安がつのっており、それは非業の死を遂げた亡魂が疫癘となって災いをもたらしているのだと考えられたのである。六所御霊というのは、崇道天皇(早良親王)と、伊予親王、藤原夫人、橘大夫、文大夫、観察使の六人の亡霊のことで、いずれも政争の渦中で非業の憤死を遂げた人物であった。その怨霊を御霊と称えて、たくさんの供物が捧げられ、僧侶による経典の読誦が行なわれ、雅楽や散楽も演じられて、深く恭敬の意が表されたのであった。

†怨霊から御霊への四段階

「怨霊」という語の初見は、延暦二四年（八〇五）の桓武の病気に際してであり、「御霊」という語の初見は、この貞観五年（八六三）神泉苑での御霊会に際してである。この怨霊への不安から御霊会による鎮祭へという信仰の展開は、日本の信仰の独特なあり方であり、ここでその展開史を整理しておくならば、以下のような四段階があったことがわかる。

第一段階　天平一八年（七四六）僧玄昉、宝亀六年（七七五）吉備真備の二人の死亡に際して藤原広嗣の亡霊の祟りとの噂あり。天平勝宝九年（七五七）橘奈良麻呂の変の死者たちの亡魂の祟りの噂あり。

⇒

①憤死した死者の霊魂が特定個人に害を及ぼす

第二段階　宝亀六年（七七五）の井上内親王と他戸親王の憤死、延暦四年（七八五）の早良親王の憤死、延暦一九年（八〇〇）早良親王に崇道天皇と追号、井上内親王を皇后に復す。

⇒　①同じ　②墳墓の整備で慰霊　③名誉回復の追号　④墓に寺院や写経

第三段階　貞観五年（八六三）神泉苑で御霊会。

⇒　①特定個人への祟りではなく疫病流行　②墳墓の整備ではない
③名誉回復の追号ではない　④法会と祭礼　⑤疫病退散

第四段階　菅原道真（八四五―九〇三）を北野天神として祀る

⇒　①憤死した死者の霊魂が数人の特定個人に害を及ぼす
②怨霊が御霊として祀られ神社の祭神となる

こうして整理してみると、第一段階と第二段階では、①個人対個人、②墓の整備、③名誉回復、という方式であったのが、第三段階では、④法会や祭礼による鎮撫、⑤疫病退散祈願、へと大きく転換したことがわかる。この第三段階の御霊を疫神と同じとみる考え方は、怨霊信仰と疫神信仰とが習合したものである。両者は第一段階と第二段階の八世紀後半の平城京で高揚をみせたものであるが、当時はまだお互いに結びついてはいなかった。平城京の宮廷を中心とする疫神信仰にもとづいて、疫病退散のために京師の四隅や畿内の十堺で疫神を祭ったという記事は、光仁朝の宝亀年間（七七〇―七八一）に頻出する。そして、このような疫神祭祀は平安京においても継続的に行なわれ、一〇世紀の『延喜式』にはその具体的な内容が記されている。

その疫神信仰が、九世紀後半の第三段階において、①個人対個人、②墓の整備、などのレベルを脱した怨霊信仰と結びついて、独特のAタイプの御霊信仰が生まれたのである。それに対して、第四段階には、①個人対個人、③名誉回復、という方式が復活してもう一つのBタイプの御霊信仰が生まれたのである。

この第三段階と第四段階とで、日本の御霊信仰の二つのタイプが出そろったのであり、怨霊信仰と疫神信仰とが習合したのがAタイプで、これは祇園御霊会、各地の疫神送り、五月御霊の民俗伝承として長く伝えられていくのに対して、もう一つの怨霊から御霊へそして天神へという神に祀り上げるＢタイプは、近世に創祀される伊予宇和島の和霊神社などを典型例として、日本各地の民俗信仰の中に長い展開をみせている。

†祇園御霊会と祇園社の祭神

第三段階の神泉苑の御霊会と同じタイプの御霊会が祇園社の祇園御霊会である。現在も続く祇園祭はその祇園御霊会を起源とする祭りである。ただ、祇園社の歴史は同時代記録が少ないこともあり不明の部分が多い。

確実な史料的初見は、藤原忠平の『貞信公記』延喜二〇年（九二〇）閏六月二三日条で、忠平が咳病の治癒を祈願して幣帛と走馬とを祇園社に奉納したという記事である。

祇園御霊会の起源については、後世の記録だが、社伝の『祇園社本縁録』によれば、貞観一一年（八六九）天下に大疫が流行したため、卜部日良麻呂という人物が六六本の矛を建て並べて、洛中の男児や郊外の百姓を率いて神泉苑まで神輿を担いで行進して祭ったのが最初だという。

また、祇園社の創建については、鎌倉時代末成立の社伝の『社家条々記録』によれば、同じく貞観一八年（八七六）に南都の円如という僧が建立したのがその始めだという。

図２　祇園八坂神社

また、ずっとのちの室町時代の卜部兼倶（一四三五―一五一一）の編纂になる『二十二社註式』（一四六九成立）によれば、祇園御霊会が毎年六月に疫病退散を願って行なわれる恒例の行事となったのは、天禄元年（九七〇）以降であるという。

以上、『貞信公記』以外は、いずれも後世の編纂物の語るところであり、史実というより伝承と理解しておくとよいであろう。

祇園社は、確かに御霊信仰と関係が深い神社である。しかし、御霊を祭る神社ではない。御霊が疫神とともに起こすおそろしい疫病や災厄から人びとを守る神を祀る神社である。疫神信仰と結びついた御霊会は、境界祭祀の特徴をもち、京の洛中に疫神が侵入しないようにと、洛外の境界地点で行なわれるのが常であった。貞観五年（八六三）の神泉苑の御霊会の場合は洛中であったが、それを嚆矢としてその後も平安京では御霊会がさかんに行なわれ、祇園以外でも、紫野、船岡、衣笠、花園などで行なわれた。それらはいずれも洛中洛外の境界的な祭場であり、そこで、疫神を饗応して祭り、河原から河川に送り祓え遣ろうとしたものであった。とくに疫病の流行の激しかった正暦五年（九九四）六月二七日の船岡の御霊会は盛大なものであった。『日本紀略』によれば、疫神を祭って慰め鎮めて難波の海へと流し送ったという。祇園社もそのような洛外の、しかも禊祓儀礼に最適な鴨川の近くに鎮座して御霊会の中心的な神社となっていった。

それらの中でも、とくに祇園社が霊験あらたかと考えられたのは、疫病や死をもたらす恐るべき御霊や疫神に対して、慰撫して饗応するというのではなく、それよりもはるかに強力な霊験力をもって、疫神や御霊を攘却する威力をもつ神様を祭る神社だと考えられたからである。では、その祇園社の祭神とは何か、どのような神様であるか、史料に沿って追跡してみよう。

†祇園天神から牛頭天王へ

祇園社の祭神は何か、どんな神様か、それは実はなかなか複雑である。

『日本紀略』の延長四年（九二六）六月二六日条では、疫病の流行により一人の修行僧が祇園天神堂を建立して供養が行なわれたといい、『本朝世紀』（院政期の藤原通憲（一一〇六—五九）撰）天慶五年（九四二）六月二一日条には主上（天皇）不快のため祇園寺感神院に奉幣と祈禱が行なわれたという。『類聚符宣抄』天徳二年（九五八）五月一七日条にも祇園天神堂とあり、『日本紀略』永祚元年（九八九）八月一三日条にも、暴風雨で祇園天神堂が顚倒したと記されている。『本朝世紀』の長保元年（九九九）六月一四日条にも祇園天神会とあり、それが祇園御霊会という呼称になるのは長和二年（一〇一三）から以降である。『扶桑略記』（皇円もしくは天台僧の撰一〇九四—一一〇七頃成立）延久二年（一〇七〇）一〇月一四日条の祇園感神院の火災の記事にも一一月一八日条で祇園天神とあり、一〇月一四日の火災のとき天神の御体はぶじ取り出すことができたといい、一一月一八日には八王子四体、蛇毒気神、大将軍の安否を検分して、天神は新造の神殿に遷座したという。

つまり、一〇世紀から一一世紀にかけては祇園社の祭神は祇園天神と呼ばれていたことがわかる。それが、『本朝世紀』延久二年（一〇七〇）の祇園感神院の火災についての記事では、『扶桑略記』は祇園天神とあるのに対して、『本朝世紀』の記事では牛頭天王と記されている。その記事では、感神院には牛頭天王だけでなく蛇毒気神をはじめ異国の疫神が祭祀されていたと記している。そして、院政期の橘忠兼編『伊呂波字類抄』（一一四四—六五頃に補訂）では、祇園社の祭神は牛頭天王であり、またの名は武塔天神だと記されている。

その後、一一八〇年頃に編纂された『梁塵秘抄』によれば、「大梵天王は中の間にこそ、おはしませ、少将井、波利女の御前は、西の間にこそ、おはしませ」と歌われている。しかし、鎌倉初期成立の『年中行事秘抄』ではまだ感神院天神と記されている。そして、ずっとのちの一二七〇、八〇年代頃の編纂と推定される卜部兼方の『釈日本紀』になると、祇園社の三社の神について、武塔天神は素戔嗚尊、少将井は本御前と称する奇稲田姫、そして今御前と号する南海の神の女子、と記されている。

祇園社の祭神は、つまり、次のような変化があったということができる。①平安時代の延長四年(九二六)頃から延久二年(一〇七〇)頃までは祇園天神であったが、延久二年(一〇七〇)頃からは牛頭天王へと変わった、②一一四四―六五年頃には牛頭天王はまたの名を武塔天神といった、③一一八〇年頃には大梵天王とも考えられていた、④鎌倉時代後期の一二七〇、八〇年頃になると武塔天神が素戔嗚尊であるとみなされるようになった、ということである。

†天刑星と牛頭天王

では、その牛頭天王とは何か、どんな神様なのか。

図３　『辟邪絵』天刑星と牛頭天王

その由来を語るのは、平安時代末期一二世紀後半の『辟邪絵』に登場する牛頭天王である。疫鬼を懲らしめ退散させ退治する善神を描いた絵で、その中には後世に広く流通する神々、たとえば鍾馗、それは唐の玄宗を悪鬼から守ったという伝説があり、疫病から人びとを守るとされた神である、また、法華経の守護神ともされる毘沙門天王、などが描かれている。

その中に疫鬼を退治する代表的な神として描かれているのが、天刑星である。この天刑星とは『晋書天文誌』にもみえる歳星（木星）所生の七星の一つで、天の刑罰を与える陰陽道の鬼神であり、日本では真言密教と習合して、密教僧の疫病に対する祈禱法としてまた呪符としても活用されていった神である。『辟邪絵』ではその恐ろしい姿の画像とともに、詞書には次のように書かれている。

「かみに天刑星となづくるほしましまします。牛頭天王およびその部類ならびにもろもろの疫鬼をとりて酢にさしてこれを食とす」。

ここで注目されるのは、牛頭天王とはまだその天刑星によって喰われてしまう疫鬼の代表例とされていたということである。その恐ろしくおぞましい疫鬼の代表であった牛頭天王が、その後まもなく逆転の変身を遂げて、畏敬される祇園社の祭神に、つまりあらゆる疫病や疫鬼を退治して人びとを守る強力な威力の神へと変わっていったのである。であればこそ、いくら恐ろしい疫鬼や疫神であっても彼らを知り尽くしている神としてそれを圧倒する威力をもつ神であるとの信仰を集めていったのである。

†牛頭天王と素戔嗚尊

しかし、この『辟邪絵』の時点ではまだ、牛頭天王は日本書紀の素戔嗚尊とは関係はなかった。その両者を習合させていったのは、のちの一三世紀後半の卜部兼方の『釈日本紀』であった。日本書紀の神代上の第七段の第三の一書で、伊弉諾命によって追放された素戔嗚尊が神々に宿を乞おうとしたとき、「お前は自分の行ないが悪くて追放されたのに、どうしてわれわれに宿を乞うのか」と、宿を貸してもらえなかった場面があるが、その場面の注釈に当たって、兼方は「備後国風土記に曰く」として武塔神に宿を貸してくれた貧しい兄の蘇民将来の話と、拒否した裕福な弟の将来の話と、その話題の一部の類似をもって、独自の新しい注釈を施したのである。

その中で、もとの備後国風土記の文章にはなかったと考えられる部分、つまり、後半部で武塔神が自分は速須佐之雄の神であると名乗る部分がそれであるが、それを新たに追加して、さらに「これ則ち祇園社本縁なり」という父親の卜部兼文の解説を紹介している。牛頭天王とされていた祇園社の祭神の解説に当たって、日本書紀の素戔嗚尊の記事と、備後国風土記が記す陰陽道系の蘇民将来と武塔神の記事とを、そこに持ち込むことによって、まったく新しい解釈を創り出し、それを示していったのである。

そこでは、かつて祇園社の祭神は祇園天神であったことについては触れられていない。兼方がその祇園天神という祭神を知らなかったのか、わざと無視したのかは不明だが、ただ、祇園社の祭神は牛頭天王と武塔神と素戔嗚尊が一体であるという創作上の解説を新たに強力に広めていったのである。

†『簠簋内伝』

そこからさらに、一四世紀末以前の成立と推定される陰陽道の書『簠簋内伝（ほきないでん）』巻一では、祇園社の本縁にもとづくという牛頭天王の縁起譚が記されてくる。その編者は祇園社と関係の深い法師であり陰陽師でもある人物と推定されているが、そこでは、北天竺の魔訶陀国の霊鷲山の艮、波尸那城の西、吉祥天の源、王舎城の大王を商貴帝といい、今は娑婆世界に下生して牛頭天王というが、かつては天刑星と号して帝釈天に仕え、善現天に居住し諸星の探題をつとめていたという。その牛頭天王は、夜叉のような容貌なので后宮はなかったが、朝政を怠らなかったので国土は豊穣であった。南海の娑竭羅竜宮（さかつらりゅうぐう）の第三女の頗梨（はり）采女（さいじょ）を娶るために南海に旅立ち、その旅の途中で鬼王の巨旦大王に宿を断られたが、巨旦の奴婢で貧賤な蘇民に粟米でもてなしてもらい、南海の竜宮城に着いた天王は頗梨采女と結ばれて八人の王子を儲けた。その後、天王と八人の王子は巨旦を滅ぼし、蘇民将来に二六の秘文を授けた、という。

　また、この『簠簋内伝』と同じ時代の編纂と考えられる『神道集』巻第三（一二）には、「祇園大明神事」として、祇園大明神は即ち牛頭天王であり、武答天神の部類の神である、天ノ形星とも武答天神とも牛頭天王ともいって崇拝されていると記している。当世疫病神がさかんに病気を流行らせるので、牛頭天王等が深く信仰されており、世間ではみんな社を立て御殿を造って、本地垂迹を図して信仰している。これを祇苑大明神という。御本地は男体は薬師、女体は十一面だという、とある。

つまり、牛頭天王は、はじめ一二世紀後半の『辟邪絵』のころには陰陽道系の疫神であったのが、一四世紀の『簠簋内伝』や『神道集』の段階では、仏教的な守護神となり、薬師や十一面観音を本地とする垂迹神としての牛頭天王へと変身してきていたのである。仏菩薩の応迹示現（おうじゃくじげん）の神道、衆生養護の神道の神としての祇園大明神へと牛頭天王は位置づけられてきたのであった。

†『二十二社註式』

その後、室町時代になると祇園社の牛頭天王をめぐる縁起にまたもう一つの新しい解説が加えられてくる。それが文明元年（一四六九）に卜部兼倶（一四三五―一五一一）が撰述した『二十二社註式』の説く縁起譚である。牛頭天王はもとインドの祇園精舎の守護神であったのが、朝鮮半島の牛頭山に移り、その後、播磨国の明石浦に垂迹して、その地の広峯社に祭られ、それから京都の北白川の東光寺へ、そして、祇園社へ鎮座したという縁起譚である。また、素戔嗚尊との関係では、日本書紀の第八段の第五の一書に、素戔嗚尊がその子の五十猛神を連れて新羅国に降臨したのち、東方の出雲国に向かったという伝承と、欽明天皇一三年（五五二）条に、新羅が百済を攻めて漢城に入ったとき牛頭方と尼彌方という地名の場所を居所としたという記事とを結びつけた縁起譚もある。

現在流布している祇園社や牛頭天王についてのこのようなさまざまな縁起譚は、実は、第一に、鎌倉時代一三世紀の卜部兼方『釈日本紀』による新しい解釈、第二に、一四世紀の『簠簋内伝』や『神道集』によるさらに新しい解釈、第三に、室町時代一五世紀の卜部兼俱『二十二社註式』によるまったく新しい解説、という新たな解釈のたびかさなる重層によって形成されたものであり、時代ごとに次々と新解釈のいわば上書き保存が続けられ繰り返されてきたものなのである。

4　仏教神道と本地垂迹説

次に、本章3節冒頭の(4)仏教の影響下で新たな神と仏の関係が説かれるようになる本地垂迹説について、末木文美士氏の整理（『中世の神と仏』山川出版社）に学びながら、ここで少し整理してみよう。この考え方はとくに天台の教学の影響で広まったものである。天台教学では法華経を根本経典とするが、その法華経の前半を迹門、後半を本門と呼んでいる。

前半の迹門で説かれるのは八〇歳で死んだ歴史上の人間としての釈迦であり、それは仏陀の仮の現れつまり迹であるとされる。それに対して、後半の本門で説かれるのが永遠の仏陀である。その本門と迹門という考え方が適用されて、仏を本地、神を垂迹、とする考え方が示されてくる。

また、密教で仏が菩薩や明王の姿をとるという「三輪身」の考え方も、本地垂迹の考え方に影響を与えている。「三輪身」というのは、仏の本来の姿が「自性輪身」であり、菩薩として衆生を救済する姿が「正法輪身」、調伏しがたい衆生を明王の忿怒の姿で屈服させるのが「教令輪身」であるという考え方である。たとえば、大日如来（自性輪身）は同時に般若菩薩（正法輪身）であり不動明王（教令輪身）である、という三輪身の関係である。神は、仏が、衆生救済のために、姿を変えて現れたものだという考え方である。

†山王神道

その天台教学の理論によって比叡山の守護神である日吉大社の神々について説明しようとしたのが山王神道である。これから紹介する山王神道や次の両部神道など、いずれも仏教が日本の神祇信仰を解読していった中で説かれたものであることから、それらをまとめて本書では、仏教神道と呼んでおくこととする。

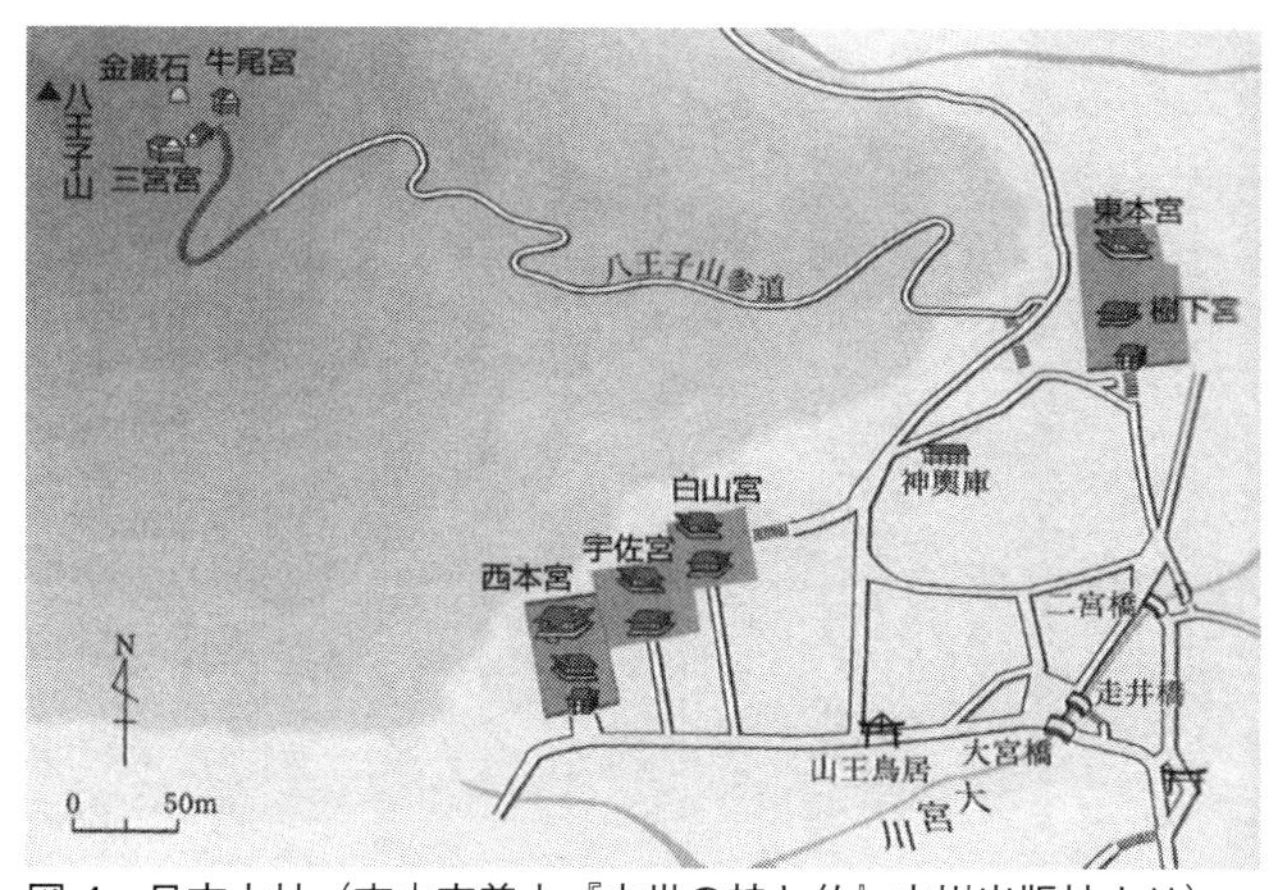

図4　日吉大社（末木文美士『中世の神と仏』山川出版社より）

比叡山の守護神である日吉大社は比叡山の東麓の坂本にあり、八王子山を神体山として、その下を流れる大宮川に沿って開けた地に、東側に東本宮、西側に西本宮がある。そして、東本宮の前に樹下宮、西本宮に並んでは宇佐宮、白山宮があり、八王子山の上には牛尾宮と三宮宮がある。以上をあわせて山王七社と呼ぶ。それぞれに本地仏があり、大宮（西本宮）が釈迦、二宮（東本宮）が薬師、聖真子（宇佐宮）が阿弥陀、八王子（牛尾宮）が千手観音、客人（白山宮）が十一面観音、十禅師（樹下宮）が地蔵、三宮（三宮宮）が普賢である。

最澄（七六七―八二二）が比叡山に延暦寺を創建したのは、延暦四年（七八五）に一九歳で入山して草庵をかまえ、延暦七年（七八八）に一乗止観院を創建して自刻の薬師如来像を安置してからである。しかし、比叡山の山なみが古くから神の宿る山として信仰されていたことは、古事記に「大山咋神、亦の名は山末之大主神、此の神は近淡海国の日枝の山に坐し」とあることからも知られる。

また、懐風藻に収める麻田連陽春の詩によれば、奈良時代初期の和銅八年（七一五）に藤原武智麻呂がこの比叡山に草庵を構えて籠居していたことが知られ、その草庵に植えた柳樹にちなんで息子の藤原仲麻呂が詠んだ漢詩「裨叡山の先考が旧禅處の柳樹を詠む」に麻田連陽春が和した詩の中に、宝殿、梵鐘、精禅之處などの語がみえる。つまり、奈良時代の後半には、平城京の官寺での経論研究や禅院修行に飽き足らず各地で山林苦行、山林修行を求める僧たちが続出していた中で、この比叡山もそうした山林修行の場の一つであったことが推定されるのである。

日吉大社の中の、大宮（西本宮）は大和の三輪から勧請されたもので、すでに近江朝廷のあった天智朝の勧請ともいわれている。円珍（八一四―八九一）が座主の時代に大比叡神（大宮：西本宮）と小比叡神（二宮：東本宮）に神位が授けられ、年分度者が与えられており、この二神に聖真子（宇佐宮）を加えて山王三聖（さんのうさんしょう）と呼ばれたが、その本地である釈迦・薬師・阿弥陀は、それぞれ比叡山の西塔（さいとう）・東塔（とうとう）・横川（よかわ）の本尊であり、この三仏は天台宗でもっとも重要な役割を果たす仏である。

†『耀天記』「山王事」――末法小国

天台教学の中での神祇信仰への解釈、つまり、山王神道の理論は平安時代を通じて研究を重ねられていったのであったが、なぜかそれらを集大成した文献はほとんどが平安時代の同時代の記録ではなく、鎌倉時代になってからまとめられている。その中の一つが、貞応二年（一二二三）の年記のある『耀天記』という文献である。その中に「山王事」という後から加えられた部分があり、その部分は一三世紀前半のものと考えられるが、そこに、大宮の本地は釈迦であるという垂迹の話が収められている。

釈迦は「私は滅度した後、末法の時代に大明神と現じて、広く衆生を救済しよう（我滅度後、於末法中、現大明神、広度衆生）」と誓ったといい、それが実現したのが、大宮である。そして、当時の末法思想のもとでの末法悪世観とともに、日本が天竺からも唐からも地理的に遠く離れた小国であり、仏が世に現れることもなく愚鈍で善根も少ない人間ばかりだから、説法したり仏教に教化する対象ともならない（「実ニ日本国ハ小国ニアリテモ小国ナレバ、出世成道ノ地ニモカナフマジ、小根薄善ノ人ノミ、浅近鈍昧ノ族バカリ集マレル所ナレバ、説法教化ノ器ニモアタハズ」）。

だからこそ、仏は姿を変えて神として現れるしかなかった、神として現れる必要があったのだ、というのである。つまり、日本は末法小国であるという考え方がその基本にあったのであり、釈迦の慈悲にもとづいて諸仏の垂迹である神々が末法小国である日本を守ってくれる、という意味であった。

†記家と天台教学の記録——和光同塵

山王神道の理論研究を担ったのは、比叡山の「記録」の専門家であった「記家」と呼ばれる僧侶たちのグループであった。その「記家」が扱ったのが「記録」であるが、天台教学の「記録」には、顕部・密部・戒部・記録部の四種類があり、それぞれ、

顕部　生智妙悟の秘訣　生まれながらの最高の悟りについての秘訣
密部　都法灌頂　金剛界・胎蔵界すべてに関する灌頂
戒部　鎮護授戒　鎮護国家のための授戒
記録部　和光同塵利益国土灌頂

と規定されている。

この記録部の和光同塵というのは、光を和らげて塵に同ずるという意味である。超越的な立場をすてて世俗的な立場に下ること、すなわち仏が神として日本の社会に出現することを意味している。つまり、本地垂迹のことである。

その山王神道の理論の集大成ともいえるものが、『山家要略記』や『渓嵐拾葉集』などの文献である。『山家要略記』はいわば狭義の「記録」であり、院政期の天台座主顕真（一一三二—九二）の著とされているが、実際はずっと後の成立で奥書にその名がみえる義源（鎌倉末—南北朝）によって集大成されたものとする説が有力である。『渓嵐拾葉集』はいわば広義の「記録」であり、義源の弟子の光宗（一二七六—一三五〇）の編になる。つまり、『耀天記』よりものちの編纂である。ただし、これら鎌倉期から南北朝期、室町期にかけての編纂物の中にみられる天台教学の思想というのは、平安時代中期以降に形成されてきた神道思想の集大成であり、長い歴史をもつものであったといってよいであろう。

たとえば、広義の「記録」である『渓嵐拾葉集』は、比叡山のあり方について次の六章を立てているが、そのうち神道に関するものは、厳神霊応章である。

浄刹結界章　　比叡山という聖地の由来について
仏像安置章　　比叡山の諸堂の仏像について

厳神霊応章　比叡山にかかわる諸神について
鎮護国家章　比叡山における鎮護国家の祈禱について
法住方規章　比叡山のさまざまな規則について
禅侶修行章　比叡山における修行の規則について

そして、狭義の「記録」である『山家要略記』の中の厳神霊応章では、天照太神鎮坐事、天照豊受皇太神遷幸事、日吉山王三聖垂迹事、について記し、とくに日吉大社の大宮（釈迦）・二宮（薬師）・聖真子（阿弥陀）の山王三聖をセットとしながら、八幡大菩薩が日吉大比叡明神（大宮：西本宮）の傍らに聖真子大菩薩（宇佐宮）として遷幸して皇統鎮護明神、異敵降伏大将となっている、と記している。一方、『渓嵐拾葉集』「山王御事」では、

尋云。天照大神と山王権現とは一致習合しているのか如何か。

答。天照大神は大日応迹神明であり日吉社は釈迦応現明神である。顕密且殊といえども幽冥一致の神道として、天照大神と日吉権現とは一体に習合しているものである、

と記している。また、

問。垂迹の神明は必ず蛇神であるのはなぜか。
答。神明とは、仏菩薩が和光同塵した姿であるから、われわれ人間のような凡夫にその姿を似せなさるのである。凡夫とは三毒（貪（貪欲）・瞋（瞋恚）・癡（痴愚））によって成り立っている存在である。その三毒の無作本有の形態は必ず蛇体だからである。衆生にその姿をあらわすとき神明は必ず蛇身をもってあらわれる。

とも記している。そうして、天台教学では、日吉大社の神々をはじめとして広く天照大神から一般の神々までその本地垂迹の解釈をもって説明していったのであった。

†両部神道

両部神道というのは、真言密教の両部曼荼羅の発想にもとづいて解釈された神道の理論である。とくに伊勢神宮の祭神・社殿・由緒などを、大日経にもとづく胎蔵界曼荼羅（理）と金剛頂経にもとづく金剛界曼荼羅（智）の宇宙観のもとに、読み解こうとしたものである。胎蔵界曼荼羅は理をあらわす女性的な原理、金剛界曼荼羅は智をあらわす男性的な原理だとされている。両部神道の初期の著作とされているのは、平安末期の一二世紀末成立と考えられる『三角柏伝記』と『中臣祓訓解』である。

　これらが撰述されたのは、伊勢神宮の御厨のあった志摩国度会郡吉津の仙宮院においてであった。『三角柏伝記』が伝えるところでは、吉津御厨は行基菩薩が建立した仙宮院（仙宮寺）の経営する荘園で、行基はこの地に婆羅門僧正と林邑僧仏哲を招き、三角柏を植えたという。天平九年（七三七）一二月一七日に、心経会を行なったが、そのとき度会氏の先祖が奉仕した、その後、弘仁四年（八一三）には最澄が蓮華会を、承和三年（八三六）には空海が仁王会を、嘉祥三年（八五〇）には円仁が鎮守会を行なった、という。これらはまったくの架空の話なのであるが、仙宮院の由緒をそのように記しており、それが平安末期の関係者たちにはそれなりに事実であると考えられていたのである。

†伊勢神宮の内宮外宮は両界曼荼羅

　そして、『仙宮院秘文』では、伊勢内外両宮は、三千大千世界の本主であり、八百万神等の最も貴き神である、といい、天照坐大神（内宮）は、則ち胎蔵界地曼荼羅である、御（ご）形文（ぎょうもん）（社殿の妻飾り、円形の金具と線刻で紋様を作る）の図は五行中の火輪を表す、それはまた独鈷の形を示すと記されている。それに対して、豊受皇太神（外宮）は金剛界天曼荼羅である。御形文（ごぎょうもん）の図は五行の水輪であり、五智の位なるがゆえ五月輪があるというのである。

つまり、内宮と外宮は地上に出現した胎蔵界と金剛界の両曼荼羅であり、その伊勢への参宮は、すなわち真言密教の一つの灌頂作法でもある、と説かれていたのである。

それによって、鎌倉時代以降、僧侶による伊勢への神宮参詣がさかんに行なわれるようになっていった。なかでも、東大寺勧進聖として知られる重源（一一二一—一二〇六）は、大仏殿再建に着手しようとしていた文治二年（一一八六）二月に伊勢神宮に参籠したが、そのとき重源は、天照大神から「吾れ近年身疲れ力衰ふれば、大事成り難し。若し此の願を遂げんと欲さば、汝早く我が身を肥やしむべし」との示現を得たという。その報告を受けた東大寺では、大般若経六〇〇巻二部を書写し、内外両宮に奉納すべしと

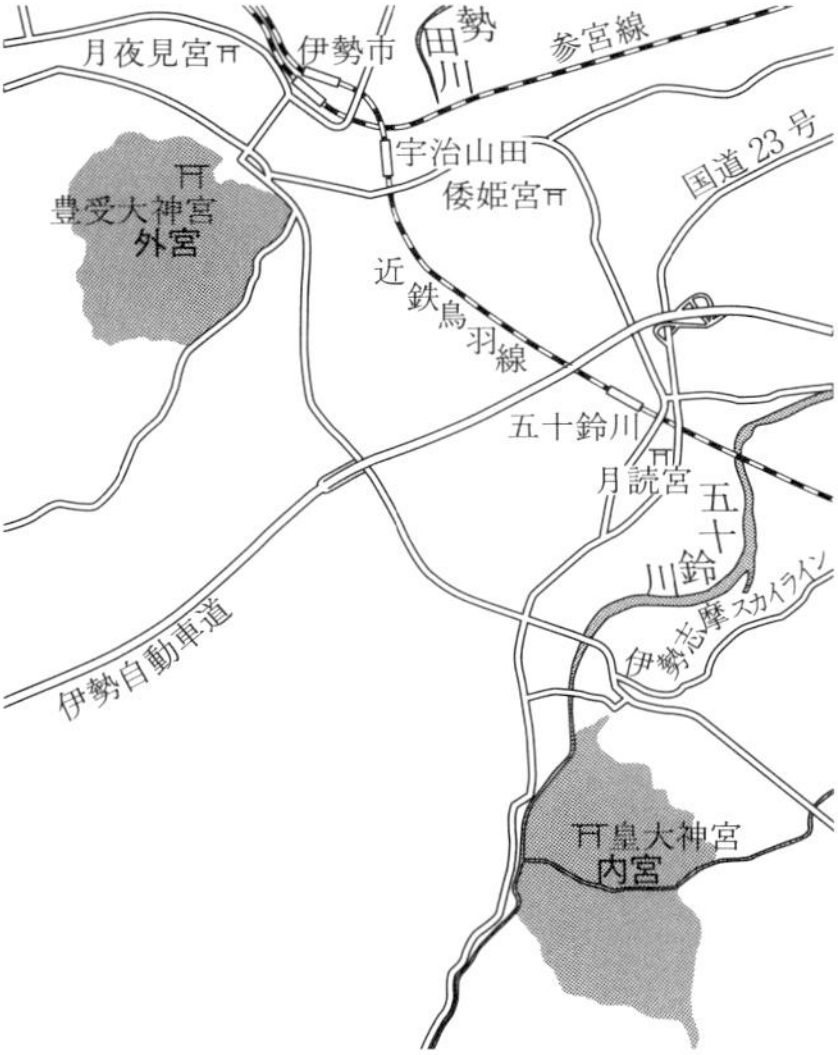

図５　伊勢神宮

決定して、同年四月二三日から五月三日にかけて尊勝院院主弁暁(一一三九〜一二〇二)以下六〇人の東大寺の衆徒が、内外両宮に参詣した。そして、神宮ゆかりの常明寺(外宮)と天覚寺(内宮)において、法楽のための大般若供養と番論議が行なわれた。

†伊勢神宮は仏教の聖地

そのときの『東大寺衆徒参詣伊勢大神宮記』の記事によれば、かつて聖武天皇が東大寺伽藍と大仏の建立の詔を発したとき、勅使として橘諸兄が伊勢神宮に派遣されたという故事が語られており、東大寺と伊勢神宮との間には長く深い因縁があることが強く意識されていたことがわかる。また、『東大寺要録』や『大神宮雑事記』によれば、御願寺の建立を願う聖武天皇は、右大臣橘諸兄を勅使として伊勢神宮に派遣して、その裁許を祈願した。その勅使の帰参ののち、天皇の夢中に光り輝く「玉女」(天照大神)が現れ、自らの本地が盧舎那仏(大日如来)であることを明かし、仏寺建立がまさに神慮にかなうものであることを示した、その結果、建立されたのが東大寺である、とのべている。

本来、東大寺は華厳宗の総本山であり、その本尊仏は華厳経の説く毘盧舎那仏である。その毘盧舎那仏とは法身仏、つまりそれ自身が正法をあらわした釈迦如来である。しかし、それをこの説話では、東大寺の盧舎那仏は真言密教の説く大日如来であるとしているのであり、鎌倉時代の東大寺には真言密教が深く浸透していたのであった。そして、日本の仏教の中心ともいうべき東大寺の盧舎那仏と、日本の神祇の最高神としての天照大神とが同体であるとも説明されてきていたのである。これらはほとんど歴史上の事実ではなく、まったく架空の話である。しかし、それでも当時の現実の信仰的な社会では、それが教説化し伝説化して人びとが信じる一つの力となりえていたのである。

同じく、『三角柏伝記』が語る行基（六六八―七四九）の伊勢参宮説話も鎌倉時代には流布しており、重源も自らを行基に擬していた可能性がつよい。他にも西行（一一一八―一一九〇）や貞慶（一一五五―一二一三）など、僧侶による伊勢参宮がさかんに行なわれた。そして、中世を通じて伊勢神宮は日本仏教の聖地のひとつであり続けることとなったのであった。

†神宮の仏教忌避

しかし、神宮には強い仏教忌避の伝統があり、僧侶は社殿に近づくことはできなかった。神宮の仏教忌避というのは、延暦二三年（八〇四）成立の『皇太神宮儀式帳』でも示されているように、神域において忌むべき言葉として仏教関係の言葉が定められていた。たとえば、仏は中子（なかご）、経典は志目加弥（しめかみ）、仏塔は阿良々支（あららぎ）、法師は髪長（かみなが）、優婆塞は角波須（つのはず）、寺院は瓦葺（かわらぶき）などと言い換えることとされていた。

参詣も僧侶が直接神前に参ることは許されなかった。たとえば『文保記』（一三一八成立）によれば、念珠や本尊仏や経文をもつ男女は二鳥居より内に入ることは許されていなかったという。

ただし、宮廷における神仏隔離が中央貴族の廃仏意識を意味していなかったように、神宮の神域内での仏教忌避がそのまま神宮の神職たちの反仏教的姿勢を意味していたわけではなかった。祭主であり大宮司家である大中臣氏も、蓮華寺以下七カ寺の菩提寺を建立していたし、内宮禰宜（ねぎ）の荒木田氏も天覚寺以下三か寺、外宮禰宜の度会氏も常明寺という菩提寺を建立していた。職務を解かれたのちや、死の直前には出家している者も多く、むしろ現当二世での仏菩薩の利益を願い、救済を願う一般の人間として、仏教への帰依は熱心に行なわれていたのであった。ちなみに、禰宜とは伊勢両宮では大宮司、小宮司の下に位置する各十人の神職のことである。現在の日本各地の神社では宮司、権宮司の下に位置する神職のことをさす。

5 伊勢神宮と伊勢神道

†天照大神と第六天魔王

天台教学や真言密教によって、日本の神々が仏菩薩の垂迹であるという解釈が広まる中で、日本の神祇の最高神としての天照大神についても、日吉権現と同体であるとか、大日如来の垂迹であるなどという解釈が広まっていったのであったが、そうした中で、伊勢神宮における仏教忌避の伝統に対する新しい解釈も示されてくるようになった。それが天照大神と第六天魔王との契約の神話である。『沙石集』巻一「大神宮の御事」に、次のようにある。

むかし、まだこの国がなかったとき、大海の底に大日如来の印文が見えたので、アマテラスは矛を刺し下してそれをさぐった。矛の先からしたたり落ちた海水が露のように成ったとき、その様子をみていた第六天魔王(だいろくてんまおう)は、「このしたたりが国となったとき、仏教が栄え、人びとが悟りの境地に達する相がある」と察知して、その国を滅ぼそうと天からくだってきた。そこで、アマテラスは魔王に向かって、「私は三宝の名前は言いません。わが身にも仏教は近づけさせません。どうぞお引き取りください」と、魔王をなだめすかしたところ、魔王は安心して帰っていった。そういうわけで、アマテラスは魔王との約束に違反しないように、僧侶を神殿に近づけず、経典もあらわには所持させず、三宝の名前も忌み言葉とした。ここから、伊勢神宮では、外に向けては仏教を疎むのだが、しかし、内では深く三宝を信仰し守護した。わが国の仏教が栄えたのは、ひとえにアマテラスのおかげである。

この第六天魔王というのは、仏教の世界観の三界、つまり無色界、色界十八天、欲界六天の三界の内の、欲界の第六天である他化自在天（たけじざいてん）の魔王のことで、多くの眷属を率いて人間界で仏道のさまたげをなす存在である。その魔王に対してアマテラスが、神宮では仏教を忌避するという約束をしたというのである。これは一三世紀の弘長年中（一二六二—六四）に『沙石集』の著者無住一円（一二二七—一三一二）が神宮祠官から聞いた話として書き留められたものである。

このような神話が語られ始めたのは、一二世紀末の前述の『中臣祓訓解』のころと考えられるが、その『中臣祓訓解』というのは、平安時代を通じて宮中の重要な神事であった六月と十二月の大祓に際して、中臣氏があげる祓の祝詞である「中臣祓」の中の個々の文句の解釈を、真言密教や天台教学の立場から示したものである。宮廷の神祇祭祀の根本でもある大祓の祝詞の意味を解説するのに、肝心の神祇官の関係者からではなく、仏教の教学の中からの解釈がなされ、一二世紀のころにはそれが有力なものとなってきていたのである。

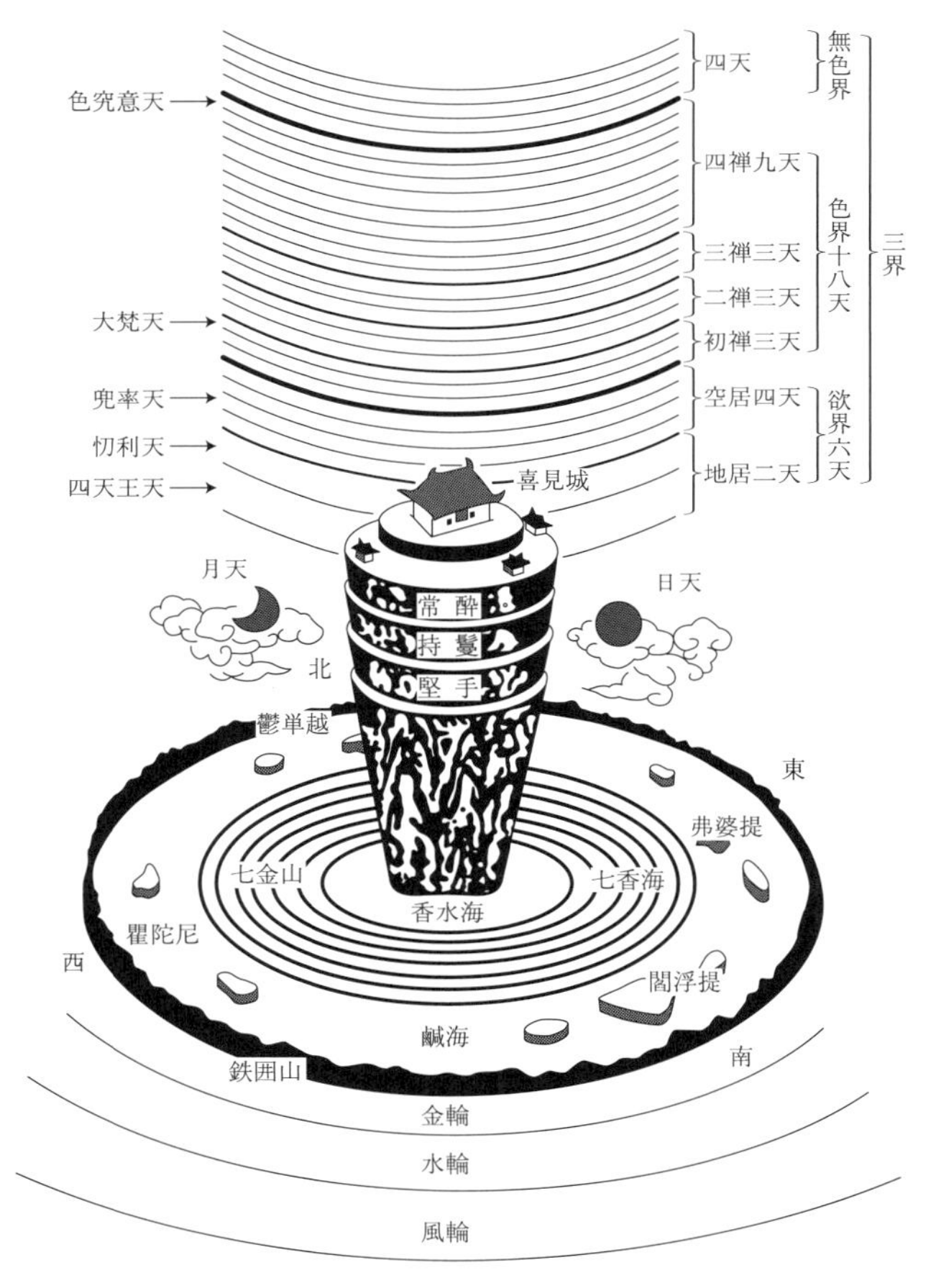

図６　仏教の世界観（『岩波仏教辞典 第二版』より）

そして、その解説の中に、天地開闢の混沌の中で、大日如来が無縁悪業の衆生を救わんがために、権化の姿と現じて、つまり天照大神へと垂迹して、第六天魔王に府璽（神璽）を請うたということが記されているのである。そして、天照大神は外には仏教とは異なる儀式を顕わし、内には仏法を護る神兵となると記されている。「神は則ち諸仏の魂、仏は則ち諸神の性なり」というのである。

伊勢神宮の強い伝統であった仏教忌避と、東大寺大仏の勧進聖として知られた重源をはじめとする僧侶たちの鎌倉時代以降のさかんな神宮参拝と、それらの事実を前にしては、単純な本地垂迹説では神宮と仏法との関係を説明できなかったのであり、このような第六天魔王と天照大神との契約という特別な神話を創り出すことによって、仏教忌避と仏僧参拝という一見矛盾した神宮の現実を、力強く説明できる形となったのである。そうして、天照大神は日本における仏法護持の大神ともなったのであった。

†蒙古襲来と神宮への仏教諸宗の進出

鎌倉時代後期、蒙古襲来（文永の役一二七四・弘安の役一二八一）は一大国難であり、その異国降伏への祈禱が神宮祭祀と仏教諸宗との関係をいっそう緊密化させることとなった。朝廷は伊勢神宮に数度にわたって公卿勅使を派遣して奉幣を行ない、それに加えて密教僧を神宮に派遣して、異国降伏の祈禱と修法を行なわせた。そのときの修法場とされたのが、神宮祭主の大中臣氏出身の人物、通海（一二三四—一三〇五）が造営した法楽舎であった。通海は醍醐寺三宝院流の憲深（一一九二—一二六三）から伝法を受けた密教僧である。建治元年（一二七五）、前年の文永の役に続いて次に予想される再度の蒙古襲来にそなえて、亀山院はその通海に命じて内外両宮の脇に法楽舎を建立させ、それぞれ二六〇名もの供僧を置いた。また、西大寺の叡尊（一二〇一—一二九〇）も内宮長官の延季の招聘により、文永一〇年（一二七三）と弘安三年（一二八〇）に教団を率いて伊勢神宮に参詣して蒙古降伏の祈禱を行なっている。それをきっかけに、叡尊は内宮禰宜の荒木田氏との関係を深めて内宮のそばに弘正寺を建立し、そこが叡尊の西大寺流の法流の拠点となっていった。そして、前述の一二世紀末成立と考えられる『三角柏伝記』と『中臣祓訓解』や、空海の撰述に仮託される両部神道の代表的な神道書の『麗気記』などとともに、一三世紀の仏教諸宗の伊勢神宮進出にともなって弘正寺の覚乗による『天照大神口決』などの神道書の類が撰述され、内宮の荒木田氏出身の僧侶たちを通じてそれらが伝授されていった。

†神道五部書

そうした両部神道のさまざまな神道書が撰述されていった中で、それに刺激され影響されて起こってきたのが、外宮禰宜の度会氏を中心とする伊勢神道の流れであった。度会氏が生み出した典籍の代表が、次のような神道五部書と呼ばれる神道の書籍である。

『天照坐伊勢二所皇太神宮御鎮座次第記』
『伊勢二所皇太神御鎮座伝記』
『豊受皇太神御鎮座本紀』
『造伊勢二所太神宮宝基本記』
『倭姫命世記』

これら五部の書籍のうち、前の『次第記』『伝記』『本紀』は神道三部書といってセットをなしており一三世紀後半の蒙古襲来の頃までの成立である。それに対して成立が古いのは、後の『宝基本記』と『倭姫命世記』である。それぞれ一三世紀初期と中期、つまり鎌倉初期と中期と考えられる。

この外宮禰宜の度会氏の伊勢神道が第一にめざしたのは、天照大神を祭る上位の皇太神宮（内宮）に対して、その御饌神（みけつかみ）である豊受大神を祭る下位の豊受大神宮（外宮）の地位を上昇させて、内宮と同格もしくはそれより優越したものに位置づけようという目標であった。たとえば、『次第記』、『伝記』、『本紀』では、豊受大神を天地開闢に当たっての造化神である天御中主神と同体であると説き、天照大神よりも先行した神であるとしたり、両部神道の説く胎蔵界と金剛界が合わせて一つであるという説をもって胎蔵界の内宮と金剛界の外宮とは対等である、などと説いたのである。また、陰陽五行説にもとづいて、外宮を水徳、内宮を火徳に配当して、五行相克説から水克火で、内宮に対する外宮の優越を説こうとした。

†「皇字沙汰」

そうした外宮側の動きから起こった事件が、永仁四年(一二九六)の「皇字沙汰」をめぐる一件であった。それは、この年に両宮禰宜が署名した注進状に、度会氏側が先例を破り、「豊受皇大神宮」と「皇」の一字を書き加えたことに対して、内宮側が問題視したことから起こった争論であった。このとき、外宮側の中心人物であった度会行忠(一二三六―一三〇五)が、歴史的根拠として出してきたのが、この神道五部書とのちに呼ばれることになる五つの書籍であった。いずれも奈良時代に撰述された文献だと主張されていたが、今日では鎌倉時代の偽作であることが判明している。

†度会家行と『類聚神祇本源』

外宮禰宜の度会氏の神道論は、その度会行忠を経て、度会家行（一二五六―一三五一）によって集大成されていった。家行の『類聚神祇本源』（一三二〇）は、第一篇の天地開闢篇から第一三篇の禁誡篇そして第一五篇の神道玄義篇まで計一五篇におよぶ大部なもので、神祇に関する膨大な諸書からの抜粋からなるものである。引用している典籍は、長阿含経などの仏教経典、老子経や『礼記』や五行大義などの道教や儒教や陰陽道などの中国古典、『日本書紀』や『先代旧事本紀』などの日本史書、それに両部神道系の『仙宮院秘文』や『大和葛城宝山記』や『天地麗記府録』、伊勢神道系の『神皇実録』や『伊勢二所皇太神鎮座伝記』などの中世神道書など、幅広く渉猟しながら、日本の神祇信仰の解説を試みており、それらを総合して自分の説を立てようとしたものであった。その家行自身の説は、第一五篇の神道玄義篇で、問答形式で示されている。そこでは、たとえば次のようにのべている。

「神祇の書典の中に、多くは天地開闢を以て最となすといえども、神道の門風これを以て極となさざるか。志す所は、機前を以て法となし、行なう所は清浄を以て先となすなり」。

ここで、機前といっているのは、天地開闢よりそれ以前の根源にさかのぼる混沌有無を超絶した境地という意味である。禅の世界でいう機前は心のあり方をめぐる概念であるが、家行はそれを宇宙論的な根源へという論として示している。そして、その機前を法となして行なうところの清浄とは、①正直、②一心不乱、③生死を超越、④六色の禁法（喪を弔い病を問わず・宍を食わず・刑殺を判らず・罪人を決罰せず・音楽を作さず・穢悪の事に預からわず）をもって潔斎の初門とすることだという。清浄とは、つまるところ機後の世界において機前の純粋を保つことだ、というのである。

ここにいたってようやく、仏教の教理からだけみて解釈する神祇信仰の世界への理解の段階から、もちろん仏教教理をも基本としながらではあるが、道教や儒教や陰陽道などの中国思想や山王神道や両部神道などの仏教的神道の思想を含めながらの、新たな神道論への道が開けてきたのであった。それは、「清浄」に基点をおく神道論であった。

6　中世神道の神々

†権社の霊神と実社の邪神

日本の神々は、すべて本地仏の垂迹神である、という本地垂迹の考え方は、平安時代後期以降広く行きわたってきていた。しかし、あらゆる神々を仏菩薩の垂迹や化身と説明するのには無理があった。伊勢神宮をはじめ朝廷と深い関係をもつ有力な神社の祭神には大日如来などの本地仏が考えられたが、日本各地の地方の神社のさまざまな祭神や、その他、鬼神や邪神のたぐいまでもが、いずれも崇高な本地仏をもつのかどうか、というのは自然の疑問であった。

そこで、さまざまな神祇の実相に合わせた解説が行なわれてきた。たとえば、山王神道の場合、一四世紀前期の『渓嵐拾葉集』では前述のように、垂迹の神明が必ず蛇神であるのはなぜかという問いに対しては、神明とは、仏菩薩が和光同塵した姿であるから、われわれ人間のような凡夫にその姿を似せなさるのであり、凡夫とは三毒（貪（貪欲）・瞋（瞋恚）・癡（痴愚）によって成り立っている存在であるから、その三毒の無作本有の形態である蛇体をもって、衆生にその姿をあらわされるのだ、と説明していた。

また、一二世紀末の両部神道の『三角柏伝記』や『中臣祓訓解』では、

本覚神（大元尊神）　伊勢神宮
不覚神（実迷神）　出雲振神の類
始覚神（実語神）　石清水・広田の類

という三区分を示していた。本覚神は伊勢大神であり、不覚神は出雲の荒ぶる神であり、始覚神は石清水や広田社である。始覚神が、仏教によって迷いから覚めて本覚の理へと帰るのに対して、本覚神は「本来清浄の理性、常住不変の妙体」であり、真理そのものの神とされ、大元尊神とも呼ばれ、具体的には伊勢神宮の天照大神だけがこれにあたるというのである。

その後、一四世紀の南北朝期以降の神道書では、たとえば卜部兼好の兄弟で天台教学を学んだ慈遍（生没年不詳）の『豊葦原神風和記』（一三四〇）にみられるように、法性神・有覚神・実迷神という三区分がなされ、法性神は「いわゆる法身如来と同体、今の宗廟の内証 是なり。ゆえにこの神には、本地垂迹とて二つを立てる事なきなり」としている。つまり、天照大神は法身仏と同体であり、仏に対して本地垂迹の関係をもたない、というのである。これらの解説は実は、神の仏に対する従属、というこれまでの関係についての否定への始まりでもあった。

そうした中で、浄土真宗の立場から本地垂迹説を解説したのが、本願寺覚如の長男として生まれた存覚（一二九〇―一三七三）の『諸神本懐集』（一三二四）である。この書物は一般の門徒の教化のための談義本であるが、そこで存覚は、日本各地の神々を仏菩薩の垂迹である「権社の霊神」と、本地仏をもたない「実社の邪神」とに分けて解説している。そして、後者の実社の邪神とは「生霊・死霊等の神」で、「如来の垂迹にもあらず、もしは人類にてもあれ、もしは畜類にてもあれ、たたりをなし、なやますことあれば、これをなだめんがために、神とあがめたるたぐい」である、という。それに対して、前者の本地垂迹の権社の霊神とは、「往古の如来、深位の菩薩、衆生を利益せんがために、かりに神明のかたちを現じたまへる」存在であり、「本地の利生をたうとぶべき」ものであるという。

神明と仏陀とは表となり裏となって、ともに衆生を利益するものであり、深く本地を崇める者は必ず垂迹にも帰依するものである。しかし、ひたすら垂迹を尊ぶ者は、必ずしも本地に帰依するとは限らない。だから、垂迹の神明に帰依しようとするくらいなら、ただ本地の仏陀に帰依した方がよい。つまり、権社の霊神への信仰はそれを認め、実社の邪神への信仰は否定して、人びとに現実的な信仰のあり方を説いたのであった。

†中世神道の諸流

一二世紀後半の平安末期から一三、一四世紀の鎌倉南北朝期にかけて、仏教の教学の視点から、本地垂迹説を基本として日本の神祇信仰を読み解く運動が活発化していた。そして、いまみたような山王神道や両部神道などと呼ばれる神道論が強力に展開していったのであったが、その潮流の中で、「神道に十二流あり」（真福寺蔵『神祇秘記』）ともいわれたように、各有力寺院において多くの学僧が研鑽に勤め、神道についての研究を深めて神道書の類が次々と撰述されていった。それらが密教諸流の秘事口決として相承されていき、さまざまな神道流派が生まれていった。そして、その中世の神道論の広がりは、まさに複雑多岐にわたって展開していった。伊勢神宮を中心とする神道論の展開の中から生まれてきた伊勢神道もその展開例の一つであった。その他の例でいえば、三輪流や御流という流派もあった。いずれも両部神道系の流派である。

三輪流神道は、古代以来の三輪山と大神神社への神祇信仰を基盤として、大神神社の神宮寺である平等寺を開基した慶円（一一四〇―一二二三）を始祖とする伝承をもつ神道である。伊勢神宮に進出して内宮と外宮の本地を胎蔵界と金剛界とする両部神道の教説を支えた叡尊（一二〇一―一二九〇）の西大寺流が、この三輪山にも進出して大御輪寺を拠点に『三輪大明神縁起』（一三一八）などで広めた天照大神と三輪明神を同体とする教説と、それにもとづく灌頂などの儀軌からなる神道流派である。その神祇灌頂の儀式では、天神七代と地神五代も祭られており、灌頂の受者は、道場の中の正覚壇に導かれて頂に灌頂水を灌がれるなどして、みずから皇太神、大日如来、不動明王になることを観じ、「静かなる庵を閉じて入りぬれば、一方ならぬ仏をぞみる」という秘歌を唱えるなどの作法が伝えられている。この三輪神道がさかんになるのはむしろ近世に入ってからであるが、伊勢に代わってこの三輪が両部神道の中心の位置を占めていくことになる。

三宝院御流というのは、仁和寺御室の守覚法親王（一一五〇—一二〇二）に、勝賢から伝授された三宝院流の一流である。この法流では鎌倉末期から南北朝期にかけて麗気灌頂の伝授が行なわれていた。そして、室生山に空海が師の恵果から伝授された如意宝珠を埋納したという伝説を記した空海「御遺告」（一一世紀の偽作）を本説とする宝珠信仰が高まって、その拠点である室生山で生まれた神道説、それが、御流である。応永年間（一三九四—一四二八）には、嵯峨天皇から空海への『麗気記』の秘密伝授が語られ記されるようになり、それはもちろん架空の話ではあるが、この法流の相承者たちはそれにちなんでみずからを御流と名乗るようになったのであった。

†多彩な神々の霊威と畏怖と魅惑

仏教の伝来とともに、釈迦如来、薬師如来、大日如来、阿弥陀如来、観世音菩薩、弥勒菩薩、地蔵菩薩などさまざまな仏菩薩への信仰が日本にもたらされたが、それにともなって仏法及び寺院の守護神とされたインドのヒンドゥー教系の天部の信仰もたくさん入ってきていた。

東大寺には大仏殿の毘盧遮那大仏のほかにも、三月堂に不空羂索観音、執金剛神、戒壇院に四天王（持国天・増長天・広目天・多聞天）などの仏像が安置されている。薬師寺には薬師如来とともにその守護神として伐折羅大将、迷企羅大将以下の十二神将が安置されている。

密教ではいっさいの天竜鬼神、星宿、冥官の総主として、梵天、帝釈天、毘沙門天以下の十二天（地天、水天、火天、風天、伊舎那天、帝釈天、梵天、毘沙門天、羅刹天、日天、月天、焔摩天）がまつられており、護摩、灌頂のときには必ずその供養である十二天供の祈禱が行なわれてきている。また、大日如来の化身とされる不動明王をはじめとする五大明王（不動明王・降三世夜叉明王・軍荼利夜叉明王・大威徳明王・金剛夜叉明王）も密教寺院では重要な信仰対象となっている。

それらの中には、古代から中世近世を経て近代現代にいたるまで、日本の歴史の中で長くその信仰を変奏しながらも伝えてきているものもあれば、歴史の中に埋もれていったものもある。変奏の中にも伝承されてさらに現代までも信仰を集めているものといえば、たとえば、不動明王はその筆頭であろう。成田山新勝寺の不動明王は広く信仰を集めており、また、毘沙門天は、北方の守護神として京都北方の鞍馬寺や生駒の信貴山朝護孫子寺などが有名である。そして、映画「男はつらいよ」の寅さんで知られるのが東京葛飾柴又の帝釈天である。つまり、古代仏教は高尚な如来菩薩への信仰を伝えただけでなく、霊的世界で戦う守護神や護法神の世俗的なご利益をも伝えていたのである。そして、霊魂観的な世界で邪悪なものを鎮圧し攘却して人びとをそれらから防衛してくれる信仰的存在に対する信仰は、階級や身分を超えて人びとと個々人の期待や要請にこたえるものであった。

†宇賀神

それらに対して、まったく新たに平安時代後半から現れて信仰を集めるようになった神仏があった。それが、前述の『辟邪絵』に描かれたような天刑星や牛頭天王や鍾馗などである。天台密教の世界から生まれてきた宇賀神もその一つである。『山家要略記』十禅師神殿奉向巽方事第廿一、に、次のような記事がある。

西方院座主僧正院源の夢に十禅師神殿の中に一人の高僧が現れる。その高僧が常に巽の方角を向いているのは、そこに障礙をなす存在がいるからであり、それから人びとを守るためである。院源はその高僧から経典を授けられるが、それが「宇賀神王福徳円満陀羅尼経」であった。それに由来する『仏説宇賀神王福徳円満陀羅尼経』によれば、十禅師神殿の乾（西北）の隅には宇賀神がおり、巽（東南）の隅には飢渇神・貪欲神・障礙神の三神がいる。宇賀神王は、頭の上の宝冠に貪欲神を降伏させるための白蛇を載せ、右手には障礙神を降伏させるための剣をもち、左手には飢渇神を降伏させるための如意宝珠をもっている。宇賀神王が常に巽の方角を向いているのはその三神から人びとを護り、障礙をなさせないためだという。そして、『渓嵐拾葉集』では、宇賀神が垂迹のとき蛇体をその体とするのは、蛇身は衆生の姿でもある三毒の極体であり、それだからこそ逆に三悪道を摂取し摂尽することができるのだというのである。

†歓喜天

また、歓喜天という抱擁しあう象頭人身の双身像の信仰もあらわれてくる。梵名を毘那(びな)夜迦(やか)といいまた聖天ともいい、もと仏教障礙の悪神であったが十一面観音と習合することによって仏教の守護神となった。奈良県生駒山の宝山寺の聖天などが有名であるが、抱擁

図7　歓喜天

しあう男天が歓喜天、女天が十一面観音の化身とされ、男女相愛や子女誕生など世俗の欲望の成就に効果絶大として、とくに鎌倉期以降さかんに信仰された。修法として油を灌ぐため銅など金属製の像体が多い。「十八契印儀軌」(『阿娑縛抄』一三世紀成立)によれば、毘那夜迦は象の鼻をもつ異様な体で、天地に魔のあるときはその毘那夜迦によるのだが、天台密教以外の人はその毘那夜迦のことを荒神と呼んでいる。その『荒神縁起』(一三三二)では、毘那夜迦は聖天や荒神の異名であり、聖天は淫欲熾盛の極みでもあるという。そして、『神道雑々集』(一三三六)では、毘那夜迦は三宝荒神でもあり、それに百味供物を供えて祭れば満願成就するという。

†荒神

また、『仏説大荒神施与福徳円満陀羅尼経』(成立年不詳)には、「慈悲忿怒譬如車輪」「意荒時三宝荒神、意寂時本有如来」とあり、意が荒ぶるときは三宝荒神となり、意が鎮まるときは本有如来となるという。この文句は、『勝尾寺縁起』や慈遍の『天地神祇審鎮要記』(一三三三)や金春禅竹(一四〇五—)『明宿集』(一四六五頃)にもみえ、この文句を要とする荒神祭文のたぐいが、室町期以降広く流通していった。

そして、『風姿花伝』(第四「神儀」)(一五世紀初)や、『明宿集』の記す申楽の起源伝承

の中にも、翁のことを大荒大明神とも大荒神とも記しており、『明宿集』では、

「サレバ翁ノ御事、大荒神トモ、本有ノ如来トモ崇メタテマツルベキ也。秘文ニ云ク、意荒立時、三宝荒神、意若寂時、本有如来、コノ文ノ心ヲ知ルベシ」、

とのべている。つまり、天台密教の説く毘那夜迦が、歓喜天や聖天としての信仰を集めていくとともに、その一方では荒神や三宝荒神ともなり、こののちその荒神は、前述のような第六天魔王とも関係し、また陰陽道の土公神とも習合して、民俗信仰の中で竈神や鍛冶神などとして幅広い信仰を集めていくこととなるのである。

†弁財天

また、弁財天の信仰も活発な展開をする。もともと『金光明最勝王経』大弁財天女品によるもので、弁舌・智恵・音楽、さらに除災・到福の神という複合的な性格をもつ神であったが、とくに水の神としての信仰が広まった。寺院の池や河川や海辺で、たとえば琵琶湖の竹生島、相模の江の島、安芸の厳島などにその霊場が開かれた。音曲の守護神としては、琵琶の名手とうたわれた貴族たちや琵琶の家である西園寺家などで篤く信奉された。

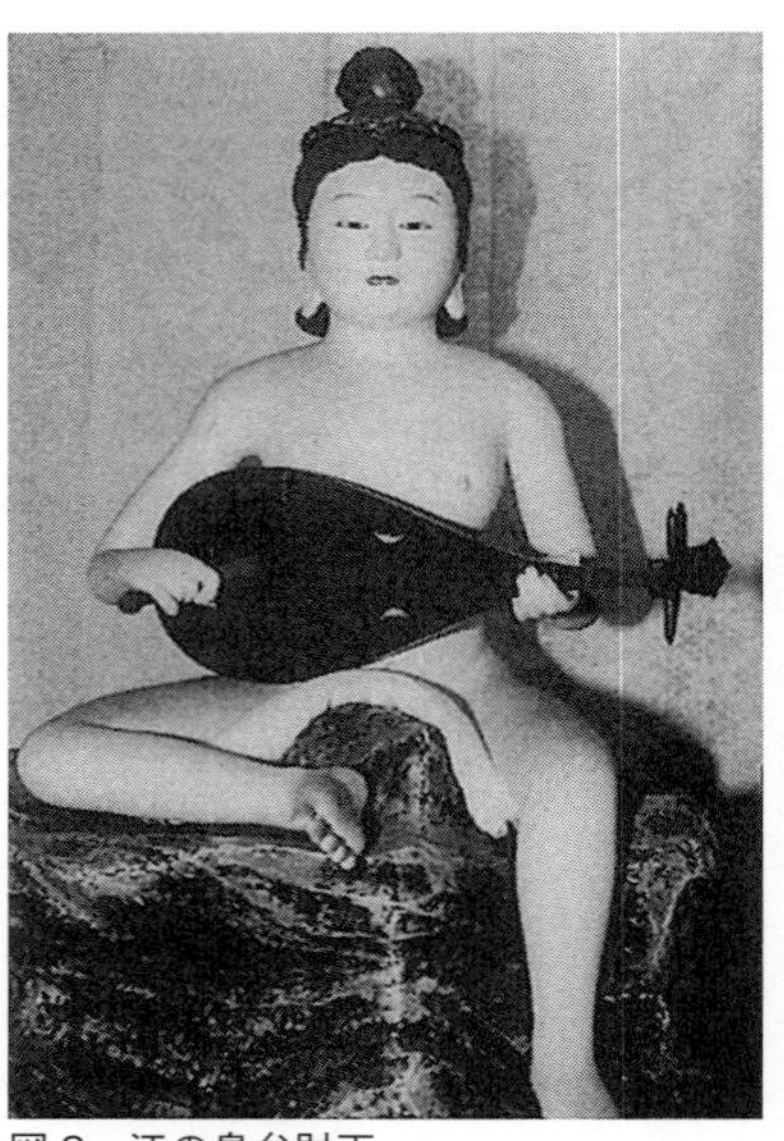

図８　江の島弁財天

それがさらに、蛇身と水の信仰や福禄神としての性格から宇賀神とも習合して、天女の姿で頭上には白蛇をいただき、金財・衣装・酒泉・愛敬などの十五童子を率い、この宇賀弁財天に帰依する者は、福禄長寿が思いのままとなるという信仰が広まることとなった。竹生島の宝厳寺の弁財天坐像ではその頭頂部に宇賀神が小さく乗っている。

†さまざまな神々

これらは、中世の神仏習合の混沌の中から生まれてきて活発に展開していった神々であったが、他にも、大黒天、吉祥天、荼吉尼天、摩利支天などなどさまざまな効験利益の豊かな神々が、同じく中世の信仰世界から生まれ広まっていった。そして、室町期から江戸時代にかけて主に都市部で流行していった七福神信仰や、農村漁村でも広く信仰を集めた恵比寿・大黒の信仰など、今日まで一般庶民の生活に身近でご利益も多いとして人びとの篤い信仰を集めている神々は、いずれもこのような中世の信仰世界の混沌の中から生まれた神々であった。

7　卜部兼倶と唯一神道

室町時代後期、応仁の乱(一四六七―一四七七)を画期として、新たな神道が提唱されてくる。それが吉田兼倶(一四三五―一五一一)が創唱した吉田神道・唯一神道である。卓越した古典研究の蓄積の上に、従来の神仏習合の中での密教的な神道説やまた禅林の宋学や道教や陰陽道などのそれぞれの教説と儀礼とを自分流に取り込みながら、みずからの教説や祭祀の体系を構想していったものであった。

†平野流と吉田流

吉田兼倶は、卜部氏の系譜をひく人物であるが、神祇官の卜部氏は一〇世紀以前までは壱岐卜部と対馬卜部が優勢であったが、一一世紀初頭に伊豆出身の卜部平麻呂の曾孫兼延が神祇官の次官（大副）となり、亀卜道宗家の地位を得てから活動を活発化した。その卜部兼延の孫、兼親と兼国から平野流卜部氏と吉田流卜部氏の二流に分かれ、以後はその子孫が卜部氏の氏長者を交互に継承した。鎌倉初期になると、神祇有職や神祇故実の家としての古典重視の立場が生まれて、平野、吉田の両流の卜部氏は、家業の亀卜道のほかに古典の家としての家学を成立させる。平安末期以降、神祇官の長官は花山源氏の王氏のちの白川家に継承されており、卜部氏はその家人として奉仕してきていたが、貞応三年（一二二四）の資宗王の神祇伯への就任儀礼では、卜部氏の両流の兼直、兼頼はともにその従属的な家司への就任を辞退する。そして、卜部氏は神祇官内に独自の地位を築いていこうとした。

†平野流の卜部兼方と釈日本紀

文永一一年（一二七四）三月、蒙古襲来の緊迫した情勢の中で、亀山天皇が譲位して後宇多天皇が即位し、一一月に大嘗祭が執行されるが、このときの新摂政一条家経とその父実経による日本紀の勉強会が開始されたときの師が、平野流の兼頼の子卜部兼文であった。このときの講義の問答録をもとに、兼文の子卜部兼方によって編修されたのが、のちに完成する『釈日本紀』であった。『釈日本紀』の成立は、弘安九年（一二八六）以降、正安三年（一三〇一）以前と考えられている。

†吉田流の卜部兼倶

鎌倉期は平野流が主流であったが、南北朝期以降は吉田流が台頭してくる。その吉田流の卜部兼熙（一三四八―一四〇二）は足利義満の信任を得て、たびたび神祇に関する下問を受けており、「神道之元老」とも呼ばれた。応仁の乱（一四六七―七七）前後はその兼熙の高孫、卜部兼倶が活躍する時代となる。兼倶は、室町殿の南の馬場にあった吉田家の私邸に斎場所を祀り、そこに国常立尊を大元尊神として祀る大元宮を中心にして、その周囲に伊勢の内外両宮、宮中の八神殿、全国の式内社三千余社を祀っていた。応仁二年（一四六八）の戦火によって洛中のその吉田邸も焼亡してしまったが、兼倶は、まだ応仁の乱の渦中にあった文明五年（一四七三）、朝廷に対して斎場所における西軍調伏祈念の執行を願い出る。そして、その経費を賄うための名目で、万雑一芸一役（関銭）の徴収を希望し、それがときの後土御門天皇の勅裁によって許可された。

†吉田山の斎場所

そして、斎場所は文明一〇年（一四七八）に吉田山麓に移転し、文明一六年（一四八四）

一一月二四日、将軍足利義政の妻、日野富子の支援を受けて、あらためて吉田山の山上に、大元宮斎場所として建立された。それは、国常立尊を大元尊神として祀る大元宮と称する八角形の特異な社殿を中心にして、左右に全国の式内社三千余座、後方に伊勢両宮と神祇官の祭祀施設である八神殿を配置した奉祭場で、ここが神武天皇以来の日本の祭祀の根源であり、全国諸社はその分祀にほかならぬと主張した。

図9　吉田山斎場所

その遷宮に当たっては、後土御門天皇に、「日本国中三千余座、天神地祇八百万神」などと記された勅額を奏請して下賜され、さらに斎場所を「日本最上神祇斎場」として、「神明降化之濫觴、下界勧請之根源、神武之草創、吾国之佳躅也、然則奉安神代霊宝、受天照太神詔命、修天児屋根尊大業、誠是神国第一之霊場、本朝無双之斎庭」、と認める内容の斎場所遷座の綸旨も発給されていた。もちろん、兼倶の主張がそのまま文章になっているのであるが、天皇の綸旨というかたちが得られたということは、まさに公権による認知であり、この綸旨の宛所が、「神祇長上」とされていたことにも大きな意味があった。

その後、兼倶は、当時、内宮と外宮の対立の中で混乱していた伊勢神宮から、この京都の吉田山の斎場所に伊勢の内宮外宮の霊物つまり神器が降臨したと、延徳元年（一四八九）一〇月、後土御門天皇に密奏する。そして、伊勢神宮側からの猛反発を受けている。兼倶はその後も、明応六年（一四九七）の神祇宗源灌頂の授与についての綸旨でも、その宛所は「神祇長上侍従二位殿」としてもらっており、これを奉じた中御門宣秀によって「兼倶卿也」との注記が加えられている。つまり、天皇が兼倶を「神祇長上」、朝廷の祭祀を担う役所である神祇官の長上である、と認めていたことを示す。これは兼倶にとって、社会的にも宗教的にもその権威を活用していく上でひじょうに大きな力となった。

ただし、古代律令制下の官職としての神祇官の構成は四等官制にもとづき、その長官は神祇伯と呼ばれ、平安末期以来白川家によって世襲されてきており、その家職化、権益化した神祇伯の役職は、他家がそれに代わることは容易ではなかった。したがって、神祇官の長官である「神祇伯」の白川家の存在を前提として、その同じ神祇官の中にみずからを朝廷や幕府との関係で位置づけ、権威づけていった兼倶が創出していったのが「神祇管領長上」という役職であり、神祇官の四等官制の「官」の体系の「伯」とは別の、「神祇道」

の体系を創出することによって事実上創り出した「神祇管領長上」という役職なのであった。

唯一神道

では、兼倶の神道説とはどのような内容か。その主著『唯一神道名法要集』によれば、神道には、「本迹縁起の神道」、「両部習合の神道」、「元本宗源の神道」の三家があるが、その中で自分の説く「元本宗源の神道」こそが、正統な教え、つまり唯一神道だという。その神道の特徴は、

①仏教が伝来するはるか以前から、国常立尊（大元神）を主神として、天照大神が天児屋根命に授けたものである、

②その天児屋根命の子孫が卜部氏であり、天児屋根命以来、その子孫である亀卜を司る家柄の卜部氏に代々絶えることなく今日まで相承されてきている、

というこの二つを根拠として、自分の唱える神道が正統な教えだというのである。

その唯一神道とは、顕露の教（『先代旧事本紀』・『古事記』・『日本書紀』の三部の本から）と隠幽の教（天元神変神妙経・地元神通神妙経・人元神力神妙経の三部の神経から）の両者からなる顕密の二教であるという。では、神とは何か、それは天地に先立ち、しかも天地を

定め、陰陽を超えて、しかも陰陽をなすものである、天地にありてはこれを神といい、万物にありてはこれを霊といい、人にありてはこれを心という、したがって、神とは、天地の根源であり、万物の霊性であり、人倫の運命である、という（『神道大意』）。

つまり、兼倶の神道説の内容は、仏教の顕密論の模倣であり両部神道の教説につながるもの、そして、祭祀修法としての三壇行事という修法なども仏教の密教修法や陰陽道の祭祀修法の模倣なのであった。

†根本枝葉花実説

しかし、それにとどまらず、兼倶の独自性は、積極的にみずから経典を偽作し（「神明三元五大伝神妙経」等々）、神話を捏造して（国常立尊を大元尊神として主神とし、天照大神が天児屋根命に授けてその子孫である卜部氏が代々相承してきた神道だと主張するなど）、仏教中心ではなく神祇信仰を中心とする新たな神道説を強引なまでに主張しそれを実際に広めていった点にあった。兼倶は、神社の祭祀を神祇道と捉え、その神祇道こそが神道であると位置づけて、その神道が万法の根本であって、儒教は枝葉で仏教は花実にすぎず、いずれも神道の分化にほかならないと主張する。そして、それが兼倶の唯一神道独特の根本枝葉花実説として説明されていった。しかし、その根本枝葉花実説も、実は兼倶のオリジナルではなく、すでに正中二年（一三二五）の奥書をもつ『鼻帰書』にみえるものであり、両部神道の内部において成立していたものの流用であった。そうした偽作や捏造や流用をものともせずに、兼倶は現実の神祇信仰を解説する神祇道、神道を主張し、それを実際に普及させていったのであった。

そういえば、経典の偽作や神話の捏造や教説の流用というのは、何も吉田神道に限ったものではなく、そもそも中世神道という世界それ自体がそれらによって形作られた宗教世界だったのであり、兼倶をはじめとする吉田家の神道はまさにそうした中世神道の体質をいかんなく発揮した神道説であったということもできよう。

†宗源宣旨・神道裁許状

公武の支持を得た吉田兼倶は、宗源宣旨や神道裁許状を、畿内各地の神社に発行し、神位、神号の授与権や祠官の補任権をにぎり、その影響力を強めていった。

宗源宣旨というのは、兼倶以降の吉田家の歴代当主が、神祇管領長上の立場から、各地の神社に位階・称号を認証ないし授与する際に発した文書であり、兼倶によって文明一四年（一四八二）に発給されたものが初見とされている。正一位などの神階、大明神や大権現などの神号や霊神号の認証ないしは授与をするもので、多くは郷村の氏神や鎮守社に宛てられたものであった。

神階や神号の授与は、本来は天皇の権限に属しており、宗源宣旨の発給も天皇の勅を受けてなされるというかたちをとっていたが、実際には、兼倶の孫の兼右（一五一六—七三）が当主の頃には吉田家が独自に発行するかたちとなっていた。それについては、天皇から「勅筆」によって吉田家に権限を委任されたものだからという説明をしている。この宗源宣旨に期待された機能としては、在地社会の神社の効験や神威宣揚でもあったが、もう一つ重要なものは、亡魂などの祟りを祀り込み怨霊を鎮め神に斎き祀るというものであった。それは、恐るべき祟り神の霊威も、天皇の勅筆によってその権威に裏づけられた神祇長上の祈禱の力によって統御できるという考え方が醸成されてきていたからであった。

神道裁許状というのは、申請者に対して神職として神事に奉仕する諸事を許可するというものである。戦国期にはおおむね、①装束裁許、②肉食裁許、③神事奉仕者としての地位確定、という三つの機能があった。宗源宣旨とともにこの神道裁許状も、卜部兼倶の創始によるというのが通説となっているが、現在のところ初見史料は、卜部兼倶の没後の大永七年（一五二七）二月の三河国設楽郡河路村の一宮神主伊原貞朝宛てのものとされている。

また、鎮札やお守りの発給もさかんに行なわれた。初期のそれは多くが、神社の改築や神木伐採などに際しての祟りを畏れての申請であり、その祟りがないようにという願いに応える鎮札を、吉田家は神祇管領長上という立場と権威をもって発給している。そして、それが事実上、地域社会では求められてもいたのである。それまでもさまざまな民間の祈禱師や呪術者などのたぐいが活動していたであろう中で、あらためて天皇の勅裁と神祇官の権威に通じるものと宣伝された神祇管領長上としての吉田家の鎮札の威力はまた格別と考えられたのである。

こうして、応仁の乱を一つの画期としてその勢力を拡張してきたのが卜部兼倶の唯一神道、吉田神道であったのだが、その歴史的な意味についてあらためて整理しておくならば、以下のとおりである。

†唯一神道の歴史的位置

南北朝期の動乱を経て成立した足利義満を中心とする室町幕府と守護領国制を基幹とする新たな体制のもとでの動向として指摘できるのは、旧来の中世顕密体制の解体へという変化である。

①仏教界でいえば、天台真言の顕密仏教の衰退、禅林宋学の興隆、新たな一向宗や法華宗などの発展、

②神祇祭祀の上では、旧来の中世的な国家的神社制度であった、中央の有力な二十二社への天皇の祭祀と地方の一宮を中心とする神社秩序とその祭祀という、いわゆる二十二社・一宮体制の解体、

であった。

そして、そのような旧来の王法仏法相依論の崩壊を決定づけたのが、応仁の乱（一四六七—七七）による京都の宮殿と市街地の焼亡であった。そうした混乱に巧みに対応したのが吉田兼倶だったのである。神祇管領長上という立場を活用して後土御門天皇とその側近や将軍足利義政やその妻日野富子たちへ接近して、みずからの唯一神道の宣伝と推進を行なったのである。その構成は、次の五つの構成要素からなるものであった。

①大元宮斎場所の建立
②神主仏従の唯一神道の提唱
③新たな聖典類の偽作
④密教と陰陽道の修法や組織の流用模倣による新たな祭祀修法や祭祀組織の編成
⑤新たな神道管領長上という役職、宗源宣旨・神道裁許状の発給による全国の神社神職の組織化

これは、中世顕密体制の解体の中で、それに代わる新たな神社と神祇信仰を中心とする日本の宗教構造と宗教体制を再構築していこうとした運動であった。そして、その架空の体制が、現実の政治体制の中でこののち実現していくこととなったのである。

第五章

近世神道——学問と世俗

織田信長から豊臣秀吉、そして徳川家康へという圧倒的な武力を背景とした天下統一と、その結果として実現した江戸幕府による全国支配の体制は、中世からの日本の社会のあり方を根幹から変えていった。古代から中世を通じて伝統的な日本の支配者であった天皇と朝廷と公家たちの上にも、また、聖俗含めて強大な権力を誇ってきた仏教寺院と僧侶たちの上にも、その強権支配が貫徹されていった。

朝廷に対しては禁中並公家諸法度、仏教寺院勢力には寺院法度、という法の整備を通じてそれは実現していった。神社や神職に対しても同じであった。諸社禰宜神主法度によって神社や神職が統制される時代となったのである。そうした時代における神道とはどのようなものだったのだろうか。歴史記録をもとにそれを追跡してみよう。

1 近世の儒家神道

近世の幕藩体制の成立とともに、江戸幕府の政治理念として重視されたのは儒学であった。そこで、輩出していった儒学者たちによる神道論がみられるようになる。儒学の理論と言語で天皇神話を読み解くものである。まず、注目されるのは、林羅山（一五八三―一六五七）の唱えた理当心地神道である。

†林羅山

羅山は、「儒道の中に神道を兼ねたり」(『神道伝授』)といい、儒学は神道を含むものであり、その神道には、一つは神武以来代々の帝王御一人しろしめす神道(王道)としての「理当心地神道」と、もう一つは社家禰宜・神主・祝部の輩が祭礼や神事の時に社内を掃除し、あるいは祓・祝詞・宣命などを読み上げることをその役の人間が務める「卜祝随役神道」との、両者があり、前者こそが真の神道だという。そして、神道の実践とは儒家の理想である仁徳にもとづく政治、つまり王道の実践である、と説いており、その神道論の特徴は、仏教的なものを徹底的に取り去っていた点にあった。

その後、社会的にも儒学が定着してくる一七世紀中頃には、儒学者がやはり人びとに儒学の教えを説くに当たって、在来信仰としての神道を論じるようになる。現実と理想の政治のありかたを論じる儒学者にとって、現実社会の神祇信仰に対して論及する必要があったのである。

†中江藤樹と熊沢蕃山

中江藤樹(一六〇八―四八)は、「国所、世界の差別、いろいろさまざまありといえども、本来みな大虚神道のうちに開闢したる国土なれば、神道は十方世界みなひとつなり。しかるによりて国隔たりぬれば、ことば風俗はかはるといへども、その心のくらゐは本来同一体の神道によりて、唐土も天竺も我朝も、またその外あるとあらゆる国土のうち、毛頭ちがふことなし」(『翁問答』)といい、その藤樹の弟子熊沢蕃山(一六一九―一六九一)は、「天地の神道は、唐日本ともにかはりなし、儒道のをしへ、神道のつたへ、とて別々に思ふは、道をしらざるものの言也」(『神道大義』)などとのべている。つまり、中国も日本も含めた内外に普遍的な理念としての神道という概念があらわれてきていたのである。

†山崎闇斎

山崎闇斎(一六一九―八二)が、その同じ一七世紀中頃に唱えたのが、垂加神道である。闇斎は、①中国の儒学と日本の神道とを含めた普遍的な理念としての神道と、②日本古代の天皇神話にもとづく神道と、その両者を明確に区別して、日本固有の神道を、「現人神」天皇への絶対的忠誠と、その教説を伝授された者だけは祭神として八百万の神々の下座に列されるという死後の救済を説いた。垂加とは、闇斎が吉川惟足(一六一六―一六九五)から神道伝授を受けたときに、みずから希望して得た霊社号で、天照大神の神勅「神垂は祈禱を以て先とし、冥加は正直を以て本とせり」（『倭姫命世記』ほか）から採ったものであった。それは、一心不乱に神を祈り、正直な心を常に求める、という基本的な教えを示すものであった。

その垂加神道の特徴は、朱子学の理と神道の神とを結びつけ、天（神）の理と人の理とは一体であり、人の心に神が内在し、神が心の本質をなしている、というもので、これを「天人唯一之道」と表現している。そして、太陽神であると同時に皇祖神でもある天照大神は、その天人唯一の具現であるとして、君（天皇）の地位は絶対不変であり、君が不徳の場合でも君臣合体の境地に至るまで相互に努力すべきであるとして、それを「君臣合体、中を守るの道」と表現している。そして、「それわが神国、伝え来る唯一宗源之道、土金（つちかね）にありて、土は敬（つつしむ）なり」、土がしまって金になるように、心身を緊張した状態にする「つつしみ（敬）」こそが、人の生き方の基本である、というのである。そして、敬の実践は正直にあるといい、その教えは道徳的な内容の濃いものであった。それと同時に、神道と儒学の一致を説きながら、天皇への絶対的な信仰を説いたところから、闇斎の垂加神道は、このちの尊王論の思想的潮流の水源の一つともなったのである。

†吉川惟足

山崎闇斎に神道伝授した吉川惟足の神道というのは、もと吉田神道を学んだ惟足が、吉田家の後継者難の中で一時その道統を受け継いでいたのだが、やがてその吉田家を離れ、あらためてみずからの神道説を説いたものである。惟足の神道説の特徴は、神儒仏の三教一致を唱える吉田神道に対して、仏教を排除して神儒一致を唱えた点にある。儒教的な倫理については、天地開闢より以前からある君臣の道こそ父子の道より重いとして、孝よりも忠を重視して、儒教は孝を第一とするが、神道は忠を第一とすると説き、臣下が君に尽くす忠の道が神道の根本の教えであると説くものであった。それは当時の武家社会の倫理観に合致するものとして、惟足は保科正之ほか諸大名の信任を受け、天和二年(一六八二)には、将軍綱吉の命によって寺社奉行配下の幕府神道方に任じられ、以後吉川家の子孫が幕末まで幕府神道方を世襲した。

†荻生徂徠と太宰春台

一八世紀前半の江戸時代中期になると、朱子学に対しても神道説に対しても、新しい批判があらわれる。荻生徂徠(一六六六―一七二八)は朱子学は「憶測にもとづく虚妄の説にすぎない」と論断して古文辞学を提唱し、現実の政治や社会の分析と対応の必要性を説く経世論の立場から『政談』などを著した。その徂徠は、「神道ト云コトハ、卜部兼倶ガ作レルコトニテ、上代ニ其沙汰ナキコトナリ」（『太平策』）といい、その弟子太宰春台（一六八〇―一七四七）はさらに次のようにいう。

> 凡そ、今の人、神道を我が国の道と思ひ、儒仏道とならべて、これ一つの道と心得候こと、大なる謬(あやま)ちにて候。神道は、本聖人の道の中に有之候。周易に、観天之神道而(にして)四時不忒(たがわず)、聖人以神道設教而天下服矣(しんとうをもつておしえをもうけしかしててんかふくす)と有之、神道といふこと、始て此文に見え候。（中略）然れば神道は、実は聖人の道の中に籠(こも)り居り候。聖人の道の外に神道とて一つの道あるにてなく候。今の世に神道と申し候は、仏法に儒者の道を加入して建立したる物にて候。この建立は真言宗の仏法渡りて後の事と見え候。吉田家の先代卜部兼倶より世に広まり候と見え候。兼倶は神職の家にて、仏道に種種の事あるを見て、羨しく思ひ、本朝の巫祝の道の浅まなるを媿(は)ぢて、七八分の仏法に二三分の儒道を配剤して、一種の道を造り出し候。いはゆる牽強付会と申す物にて候。」（『弁道書』）。

さすがに儒学者であり、神道という語が、早く中国古典の周易にあることをここでは指摘している。そして、吉田神道の内容について、それは卜部兼倶が仏法と儒道を組み合わせて造った牽強付会の教えである、というのも鋭い指摘であり、正しい指摘である。

では、そのように批判をされる吉田神道の実際は、近世の江戸時代にはどのようなものとなっていたのか。実は、吉田神道の教説は、たしかに太宰春台がいうような牽強付会の教説ではあったのだが、それでも、近世社会の現実の中ではしぶとくそれなりに生き抜いていたのである。

2 近世の吉田神道

†神道裁許状

卜部兼倶以来の吉田神道は、神祇官の権威を流用するものであり、

①神祇管領長上という役職
②吉田山の大元宮斎場所での祭祀
③宗源宣旨や神道裁許状の発給

という三つの事柄が、応仁の乱の混乱の中での後土御門天皇による勅裁や、将軍足利義政室の日野富子たち、公武の権力によって認められたことによって、正当化されていた。

その根拠が、いずれも経典や文書の偽作や捏造によるものであっても、戦国期から江戸期にかけてそのまま有効性が維持されていた。そして、そのような吉田家の神職支配を新たな近世社会にあっても確固たるものにしたのは、寛文五年（一六六五）に発布された幕府の諸社禰宜神主法度であった。それは五条からなるもので、

第一条は、神職の服務と心得、
第二条は、従前より伝奏のある神社の神職の位階の執奏、
第三条は、無位の神職の装束について、
第四条は、神領の売買禁止、
第五条は、神社の維持管理、

についてであった。
そのうち、第一条では、諸社の禰宜神主らは神祇道をよく学び神体を敬うように、第二

条では、社家が位階を受ける際には従前どおりに神社伝奏を通すこと、といい、第三条では、位階のない無位の社人は白張を着すこと、それ以外の装束は吉田家の許状を得て着すこと、とされたのである。この吉田家の許状というのが神道裁許状であり、この法令を根拠として、吉田家は全国各地の神職をその管理下に置くことができるかたちとなったのである。第二条でいう、従前どおりの神社伝奏を通して位階の申請をするというのは、具体的には古代以来有力な伊勢神宮や石清水八幡宮をはじめとする格別な二十二社のことであり、それ以外の「天下の社家」の統括を吉田家に委ねることとなったのである。そして、各地の神社の祭祀の方法や儀式のかたち、祭神の解釈や由緒の伝承などが、吉田流に変更されていくこととなった。

その中には、神社の神事頭人の服すべき厳重な禁忌の解除のような例もあった。たとえば、享保一二年（一七二七）、近江国野洲郡大篠原村の大篠原神社の神主と村役人が吉田家に正一位の神位を申請したが、それに対して吉田家から宗源宣旨と告文が授与された。従来この神社の尊神が嫌われることとして、唐臼の据えつけ、鍛冶・桶・油を使う作業、鳥食用の合火などが厳重な禁忌とされていたのだが、この宗源宣旨によって神格の上昇が実現して、禁忌が解除されたというのである。

また、これはまだ吉田兼右（一五一六―七三）の時代のことであるが、厳島神社神主の野坂房顕（一四九四―一五九〇）の『房顕記』の天文一三年（一五四四）、元亀二年（一五七一）の記事には、京都の吉田神主兼右が来島して、神道伝授が行なわれたことが記されている。その厳島神社の祭神は、中世の『長門本 平家物語』や『源平盛衰記』では、神仏習合的な祭神で、娑竭羅龍王の娘、神功皇后の妹（天照大神の孫）ほかの三女神とされていたのだが、近世の『厳島道芝記』が引く『野坂将監記』では、日本書紀神話が伝える宗像三女神の市杵嶋姫命とされており、この祭神の変更には、吉田兼右による神道伝授の影響があった可能性が大である。厳島神社という社名が市杵嶋姫命の神名と類似しているところから、日本書紀の神話に登場する神を充てて祭神としていったのである。

†吉田神道批判

幕府権力を背景にその公認を得て日本各地の神職へと大きな影響力を行使していった吉田神道であったが、その根拠としていた経典や神話が偽作や捏造であったことを告発し、吉田神道を根本から批判する動きが出てくる。それはまず、伊勢神宮からであった。

吉田兼倶による延徳元年（一四八九）の神宮神器降臨の密奏一件以来、伊勢神宮の諸社家は吉田家に強い反感を抱いていたが、外宮禰宜の出口延経（度会延経）（一六五七―一七一四）の著した『弁卜抄』（一六九八―一七一二の間に成立）は、六国史、律令格式、官符や牒状、公家の日記などの古記録の類をもとに精密に考証した結果として、次のように指摘している。

①卜部氏は天児屋根命や中臣氏とは無関係である。
②卜部氏は伊豆の卜部の末裔である。
③卜部氏は神祇管領長上ではなく、亀卜長上にすぎない。
④三代実録に神祇伯卜部宿禰平麻呂とあるのは橘朝臣永名の誤りである。
⑤古来より天神壽詞を奏するのは中臣氏である。
⑥中臣氏と斎部氏と卜部氏には祭祀に従事する上で明らかに差がある。
⑦卜部氏は中臣氏の下役であり亀卜の役である。
⑧卜部氏の綸旨・院宣・斎場所は捏造されたもので、卜部氏は神祇伯に就任したことはなく、斎場所を日本全国の神の根元地とすることは、誤りである。

†吉見幸和

このような吉田家への鋭い批判は、この外宮禰宜の出口延経（度会延経）からだけでなく、尾張徳川家の東照宮神主であった吉見幸和（一六七三―一七六一）からも発せられる。

吉見幸和は、この出口延経（度会延経）の『弁卜抄』の内容を、さらに「悟し易からしめんと俗語をましへ」て、幸和の師匠である正親町公通、つまり「公通卿のをしへを基として」再編したという『増益弁卜抄俗解』（一七三九）を著している。その吉見幸和は、次のようにいう。

卜氏の徒、己か系譜の賤しきをかくし、天児屋根命の末裔也と称し、永く神道管領職を賜ると偽り、天皇を蔑如にし、衆人を欺くこと挙て計ふへからす。（中略）田舎の輩は、堂上のことを知らす、ひたすら吉田卜部は神道の家なりと思ひ、偽をも偽としらて、彼かために欺かるるは、倭書にくらき故なり。其あやまりは一ツ二ツにあらされハ、一朝一夕に語り尽しかたし。古記実録を以て糺しぬれハ、正偽をのすから分明なり（自序）

まさに、適切明快な批判である。それにもとづき、従来は吉田家による執奏を得て尾張徳川家の東照宮神主家は官位を授与されてきたのであったが、幸和はそれをあらためて拒否して、その後いろいろたいへんな苦労の末に、最終的に、正親町家の執奏によって官位を受けることに成功したのであった。また、神道五部書が奈良時代以前の成立と主張されていたのを、実は鎌倉時代成立の偽書であることを論証したのもこの吉見幸和であった。

こうした吉田家批判の潮流の要点は、
①唯一神道とはいっても仏教や陰陽道の要素を色濃く帯びている
②神話や経典を捏造して出自や来歴を偽り神祇官長上として神社を統括している
③本来の神祇官制のもとでの神祇伯の立場を蹂躪している
という三点であった。

†神祇伯の白川家

そうして、吉田神道への批判が高まるとともに、あらためて脚光を浴びてきたのが平安時代末期以来、神祇官の神祇伯の家柄であった白川家であった。神祇伯家としての白川家は、宮中の内侍所や清涼殿における恒例及び臨時の天皇の神拝に際して、その作法の伝授や、天皇の名代として神事に奉仕することによって、宮廷祭祀に重要な役目を担ってきていた。また、二十二社のうちの松尾社・伏見稲荷社・大原野社・広田社については、白川家が神社伝奏の立場を前代以来ずっと保持していた。

ただし、神社界におけるその勢力は吉田家には遠く及ばず、八神殿が祀られている吉田山斎場所が「神祇官代」として実質的な神祇官の機能を果たしており、社会的にもそのように認知されていた。しかし、それが次第に、享保期から宝暦期にかけての出口延経（度会延経）や吉見幸和たちによる吉田神道批判によって、神祇伯家の白川家の存在感を押し上げていくこととなった。

白川家においても、その学頭を中心とした活動が活発化する。宝永三年（一七〇六）に学頭となった臼井雅胤は、『神祇破偽顕正問答』を著し、神祇伯は神祇に関わるすべての事項を管掌する、つまり神事及び神職官位を管掌し、伝奏の定まっている神社を除く諸国神職の執奏も神祇伯の役割であると主張する。宝暦一〇年（一七六〇）に学頭となった森昌胤もその指向性を継承して、『神道通国弁義』を著し、白川家の正当性を主張しつつ、その門への神職の参集を呼びかける。しかし、当時の現状としては、

「白川は無垢の正金なれども、手入悪ければ、瑣焦（くずこげ）て光なく、吉田は焼付滅金の、くはせものなれども、手入よく持なしたれば、きらびやかに光て人の目につく」、

と昌胤も吐露しているとおりであった。しかし、「実の神国と成、万古不易の御静謐と成」すためには、「滅金のつくろひものは兀（はがし）て、正金無垢の光磨かれ出」る必要があると強く主張する。昌胤においては、白川家の神道とその正統性は「天子の御流儀」であるという点にあり、吉田流は「臣下」の「私事」にすぎないというのである。

宝暦元年（一七五一）、白川家邸内に、神祇官の中心施設である八神殿が再興される。それは、臼井雅胤が白川家を致仕するに当たって持ち去って一条兼香に献呈していたとい

う、白川家伝来の八神殿神体が、兼香の子、関白一条道香から返却された一件を契機としているという。そして、この八神殿再興を機に神職本所たる白川家への門人が急増していくこととなった。以後、幕末に至るまで、吉田家と白川家は各地で激しい門人争奪を繰り広げることになるのであった。

3 平田篤胤と復古神道

そうした吉田家と白川家の場合、いずれも神道とはいっていても、吉田神道では神祇道を神道といっているように、神祇道つまり神祇祭祀の作法や神職の任命などをめぐる世俗的な見解の対立であり、神道とは何か、という理念的な根本的な問題についての探求がともなわないレベルのものであった。

そこで次に、登場してきたのが、平田篤胤の復古神道の提唱であった。平田篤胤(一七七六―一八四三)は、安永五年(一七七六)秋田藩士大和田清兵衛の四男として生まれ、寛政七年(一七九五)、二〇歳の時に脱藩して江戸に出たあと、たいへんな苦学の末に国学の学者として身を立て、学塾の気吹舎(いぶきのや)を中心に多くの門弟を育て、大量の著作を出版して国学の興隆をもたらした人物として知られる。

図 10　平田篤胤

†平田篤胤への忌避と嫌悪

ただし、戦時中の教育を受け、当時の軍部と官憲の強権の下での、いわゆる天皇制ファシズムに痛めつけられた人びとからすれば、たとえば堀田善衛がいうように、「平田篤胤という国学者の名を見ると、いまでも私はいい気がしない。なにやら気味が悪くなってしまう。というのは、言うまでもなく戦時中の、あの途方もないジャーナリズムにのっていた、脅迫的な諸論文を思い出すからである」（『海鳴りの底から』）というような受け止め方がふつうであろう。

それは、戦前の天皇制国家体制の

観念的な支柱となっていた国学の中でも平田篤胤はことさら太い柱であり、とくに戦前の国家神道を創り出した張本人だとも目されているからである。しかし、平田篤胤の実像とは何か。生前の篤胤の言動とは別に、その没後の門流の国学者や思想家や政治家たちが篤胤の実像からはみ出して、増幅させ変容させていった部分とは何か。それを確かめるためには、平田篤胤について直接観察してみることが必要である。

†対外危機感からの出発

平田篤胤の学問の出発点にあったのは、一七九二年のロシア使節ラクスマンの根室来航と通商要求、一八〇四年の全権使節レザノフの長崎来航など、一八世紀末から一九世紀初頭にかけての欧米列強、特にロシアの日本進出という脅威に対する危機感であった。篤胤には『魯西亜語』、『魯西亜集説』(一八〇七)、『千島白波』(一八一三)などの著作もあり、ロシアとの対外問題に強い関心を抱いていたことが知られる。

そして、篤胤の学問の基本は、「科学への探求と古伝説への信仰」であり、中国の古文献やインドの大蔵経の解読による歴史の最古層での宇宙創世神話の解明の試み、ともなっていた。その著作には、インド関係では『印度蔵志』、中国関係では『赤県太古伝』、『黄帝伝記』、『三十五本国考』などがあり、儒学に関しては『孔子聖説考』、医学に関しては

『醫宗仲景考』、また易学に関しては『三易由来記』、『太昊古易伝』など、ひじょうに広範に及び、これら以外にも一般の国学者とは異なりその著作数は格段に多い。

†事実からの探求

つまり、平田篤胤の探求世界というのは、自然界と人間界を含むすべての存在に対する疑問の解明であり、その手段として文献と伝承という、あくまでも具体的な事実の追究を基礎として解明していこうとした実証の態度が、篤胤の学究の特徴であった。

サイエンス（科学）とレリージョン（宗教）という両者を区別する言語も概念もまだ十分にはもっていなかった近世社会にあって、自然界と人間界とを貫徹する真理の探究を、あくまでも実証的な資料分析の中に求めた平田篤胤が、その究極の課題としたのが、生と死の両界にわたる霊魂の問題であった。そして、思弁的な空想からではなく、具体的な人びとの霊異体験の数々から帰納されたのが、「顕世（うつしよ）・幽世（かくりよ）」論であった。幽世とは、人間の住むそのごく身近にあり、人びとを見守り、加護しているものの、人間の眼からはまったく見ることのできない霊魂、その棲む世界であり、それが幽世だというのである。

天狗に誘われて不思議な国へ行ってきたという江戸下谷の少年寅吉の口述を筆記した『仙境異聞』（一八二二）、いったん死んで生まれ変わったという多摩郡中野村の少年勝五郎の口述を筆記した『勝五郎再生記聞』（一八二三）なども、すべて大真面目に篤胤が異界を探求した著作である。

†『呵妄書』――学問世界

その平田篤胤の最初期の著作といえば、『呵妄書』（一八〇三）と『鬼神新論』（一八〇五）であった。まず、『呵妄書』の内容は、太宰春台の『弁道書』への批判であった。太宰春台は、日本には元来、道ということはなく、日本人は儒教によってはじめてそれを知ったのだといい、神道について、次のようにいっていた。

「今の世に神道と申候は、仏法に儒者の道を加入して建立したる物にて候。此建立は真言宗の仏法渡りて後の事と見え候。吉田家の先代卜部兼倶より世に弘まり候と見え候」「日本の神道は又殊に小き道にて、政を妨ることとあたはず候」。

これに対して、篤胤は、『呵妄書』で次のように主張する。

皇国は天地初発の時から穏やかに治まっており、そのことがすなわち真の道が具わっていたということである、それは儒仏の教えの渡来以前からである。この真の道は他の儒仏の道のように人作のそれではなく、天地の初発において皇神たちによってはじめられた事実をいい、それは瓊瓊杵尊の天降の際に、神勅にいわれているように、この国は永遠に皇孫の天皇が支配統治すべきことを根本とするのであって、わが国ではこの本質にしたがって、今に至るまで君臣の別が明確に保たれていることが、真の道の存した明証である。神道とはこの真の道のことをいうのである、もちろん吉田流のそれではない。

そして、儒学の国である中国では、「神」という言葉は現象の霊妙なるを説明するときに用いられるにすぎないが、神というのは、記紀の神代巻にみえる諸々の神々、実在の神のことをいうのであり、この神々の御所為(みしわざ)は霊妙不可思議である、だから、ただ畏れ敬って受けとるほかはない、というのである。

†『鬼神新論』――信仰世界

次に注目される著作が、『鬼神新論』(一八〇五)である。これは新井白石の『鬼神論』に対抗して書かれたものであった。そして、神と鬼神とが普遍的に存在するということを主張し、論証するためのものであった。

「世の中は、すべて天神地祇の奇妙(くしび)なる御所行(みしわざ)」であり、人が生まれることは、天つ神の奇(くす)しく妙(たえ)なる産霊(むすび)の御霊(みたま)によるものである、死ねばその霊魂は永く黄泉にいくものとありのままに考えるべきであり、それ以上のことは人智の及ぶかぎりでない、すべて世の中にありとあることは、奇異く奇霊なのである。そして、吉凶禍福は、人の心の邪正や行ないの善悪によるのではなく、大直毘神を中心とする善神と、禍津日神を代表とする悪神の意図の故のことであり、人は神々に対しては祭祀によって福を願い、凶を避けるほかに方法がないのである、鬼神が存在するということは、実際に鬼神の祟りなることがあること、また鬼神が祭祀に感応する証があること、から知られるであろう。

　この説は、篤胤が先師と仰ぐ本居宣長の所説を学んでのべたものであったのだが、のちに改訂した『鬼神新論』（一八二〇）では、二点ほど師の説とは異なる新たな自説を提示している。

　一つは、先には、世の悪の根源は大禍津日神でありそれは悪神であるとしていたのを、いや大禍津日神は悪神ではなく根本はよき神であり、「汚穢きことを悪ひ給ふ御霊の神」であり、「世に穢らはしき事ある時は、甚く怒り給ひ、荒び給ふ時は、直毘の神の御力にも及ばざる事ありて、……大き御功徳を為し給ひ、……世の禍事・罪穢を祓ひ幸へ給ふよき神に坐せり。穴かしこ、悪き神には坐まさず」と修正したのである。もう一つは、死者の行くところを、先には宣長の説にしたがって「黄泉」としていたのを、あらためて「幽冥」「幽界」であるとしたことである。

これは、小さな修正と思われるかもしれないが、実はこの二つの点はひじょうに重要な意味をもっていた。本居宣長の精密で正確な古典研究の成果に学びながらも、そこから一歩踏み出したものだったのである。それは、宣長の徹底した考証学の信頼の上にある国学という学問と、それに取り組んだ宣長の誠実な自己規制に学びながらも、篤胤の挑戦はそこから先の、現実の人間の日常生活における吉凶禍福や死後の不安に対して、独自の理論学説を提示していったものであった。理念的な学説から現実的な生活感覚対応への踏み出し、つまり、それは学問から信仰への踏み出しだったのである。

†顕世と幽世

平田篤胤によれば、中国の思想では、すべての現象は陰陽の二つの気の働きがあって起こるのだから、その陰陽の理によればすべて知られないものはない、という。しかし、実はその陰陽の背後に、陰陽をして陰陽たらしめている実在の神があるはずだ、まずはその神があってこそのことであり、その神のなされる事の跡について、中国の思想では、人間が陰陽の理という理屈をつけているのにすぎない(『志都能石屋』上)。その究極にある神とは、天御中主神・高皇産霊神・神皇産霊神の造化の三神である、という。

†天御中主神と造化三神

『古事記』に「天地初発の時、高天原に成りませる神の名は、天御中主神」とあるのを、篤胤はあえて「古（いにしえ）天地未だ生（な）らざりし時、天つ御虚空（みそら）に成り坐せる神の御名は、天御中主神」（『古史成文』）と読み替えており、その次に高皇産霊神と神皇産霊神の二神が現れ、太陽が生まれ、そしてもろもろの神々・人間・天地の万物が生み出されのだと解説している。そして、人間は産霊神（むすびのかみ）の御霊（みたま）によって生まれるのだから、

「人間ノ生レツキ、スナハチ謂ユル、ソレガ性デ、夫ニ反シテヲル物ヲ分別シワケテ、親ヲ師ヲ慕ヒ、妻子ヲ慈ミ、彼ノ七情トカイフ、生レツキノ真心モ、其ノ程々ニ動クノガ、コリヤ人間ノ当然（あたりまえ）」（『出定笑語』下）だ、というのである。また、

「其ノ生マレツイタル真ノ心ト云モノハ、ドンナ物ジャト云ニ、親ヲ敬ヒ、妻子ヲメグミ、富貴ヲネガヒ、悪キヲイヤガリ、善ヲ好ムノガ則チ性デ、人ノ真ノ心、コレニ反シテヲルナラバ、ソリャ変ト云フモノデ、常に違ッテヲルカラ、人ノ道トハ言レマセヌ。生レナガラニシテ、仁義礼智トイウヤウナ、真ノ情ガ、自ラ具ハッテキル、是ハ天ノ神ノ御賦（つけ）下サレタ物デ、則是ヲ人ノ性トイフ」（『古道大意』下）、とものべている。

†産霊神(むすびのかみ)の御霊(みたま)

つまり、平田篤胤は、あらゆる事物の背後、究極に神が実在する、という考えをもとにして、人間の本性を、産霊神(むすびのかみ)の御霊(みたま)によって授けられた情・性・真の心であり、それに対して偽らずに生きる道を、真の道だ、と解説したのである。だから現実的にも、「極楽よりは此の世が楽みだ、夫(それ)はまづ、暮(くらし)の相応にゆく人は、美濃米を飯にたいて、鱣(うなぎ)茶漬、初堅魚に、剣菱の酒を呑み、煉羊羹(ねりようかん)でも給(たべ)ながら、山吹の茶を呑んで、国分の煙草をくゆらして居らるる」のがよい(『伊吹於呂志』下)。「夫(それ)ホドニ結構ナル情ヲ、天津神ノ御霊ニ因テ、生レ得テヰルニ依テ、夫(それ)ナリニ偽ラズ行クヲ、人間ノ真ノ道ト云フ」(『古道大意』下)というのである。

そうして、儒教も仏教も、人の真の心、人の真の情に反した実行不可能の掟(おきて)を立てて強(しい)事(ごと)をなしている、という理由で、篤胤はそれらをしりぞけるのである。では、篤胤の説く真の道とは何か、それは皇神の道であり、神随(かむながら)なる真の道であるという。

「抑々我が皇神の道の趣は、清浄を本として汚穢(けがれ)を悪(きら)ひ、君親には忠孝に事(つか)へ、妻子を恵みて、子孫を多く生殖(うみふや)し、親族を睦び和し、朋友には信を専らとし、奴婢を憐れみ、家の栄えむ事を思ふぞ、神ながら御伝へ坐せる真の道なる」（『玉だすき』一）。

つまり、皇神の道とは、伝統的な道徳や儒教の五倫五常の道と変わるところのない常識的なものである。ただし、この真の道を安定的に意味づけるためには、まずは「大倭心を堅む」ること、そして死後の「霊の行方の安定を知ること」が肝要である。では、その死後の霊魂の行方を知るにはどうすればよいのか。篤胤は次のようにいう。

幽世と大国主神

「さて、その霊の行方の、安定を知まくするには、まづ天地泉の三つの成初、またその有象を、委細に考察て、また、その天地泉を、天地泉たらしめ幸賜ふ、神の功徳を熟知り、また我が皇大御国は、万の国の、本つ御柱たる御国にして、万の物の万の事の、万国に卓越たる元因、また掛けまくも畏き、我が天皇命は、万の国の大君に坐すことの、真　理を熟に知得て、後に魂の行方は知べきものになむ有りける。」（『霊の真柱』上）。

「凡人も如此生て現世に在るほどは、顕明事にて、天皇命の御民とあるを、死ては、その魂やがて神にて、かの幽霊・冥魂などといふ如く、すでにいはゆる幽冥に帰けるなれば、さては、その冥府を掌り治めす大神は、大国主の神に坐せば、彼の神に帰命奉り、

その御制を承賜はることなり」(『霊の真柱』下)

つまり、死後の霊魂は、みな大国主神の主宰する幽冥の世界へ行くのだというのである。死後は黄泉の国という穢れた国に行くのではないか、という心配はしたがってまったく無用だということになる。

ただし、その大国主神とは、審判の神でもある。

「此の世界に有ゆる鬼神の、首渠神と坐て、治め給ひ、幽より世人の善悪を見行して、死後に其の賞罰を糾判し給ふ」来世の審判の神であり(『印度蔵志』五)、その大国主神の審判は、現世の善心善行と悪心悪行とを、「よく見徹し坐て、前世の報をも賜ひ、幽冥に入たる霊神の、善悪を糾判ちて、産霊の大神の命賜へる性に反ける、罪犯を罰め、其性の率に勉て、善行ありしは賞み給ふ」(『古志伝』二三)。

つまり、仏教の教説と同じく、人間はみずからの行為に責任をもたされるというのである。幽冥界の主宰神である大国主神によって、人間は生前の行為に対する賞罰が下されることになるのである。

そして、この大国主神は、死後の霊魂に対してだけでなく、現世に対しても威力を発揮するという。

「幽冥事(かくりごと)とて、国の治乱吉凶、及び人の生死禍福など、凡て誰が為す態(わざ)とも知らず行はるる神事の原を、裁判し給ふ大神に坐す」(『玉だすき』四)。

つまり、大国主神が主宰する幽世というのが、現世の人間のすぐ身近にあるからでもある。現世からは見えないが、幽世からすべてみえるという。

「冥府と云ふは、此顕国をおきて、別に一処あるにもあらず、直ちにこの顕国の内いづこにも有なれども、幽冥にして現世とは隔たり、見えず、……その冥府より人のしわざのよく見ゆめるを、顕世よりは、その幽冥を見ることあたわず」(『霊の真柱』下)。

このような、人間からは見えないが、ごく身近にいて人びとを見守り、加護している神霊や霊魂とその棲む幽世があるのだ、という教説は、村々の氏神や鎮守が五穀豊穣や村民の生命と安全を守っているという一般の神社祭祀の場では、わかりやすい教えとして受け入れられていったことと思われる。神社祭祀を基軸にした村落社会の秩序維持や倫理や道徳の普及という面でも受け入れやすいものであった。

その一方で、篤胤は、天皇を神孫として現津御神と位置づけながら、他方では、この国を成り立たせている人民をもすべて、神の末として「御国の御民」と位置づけている。「神魂はもと、産霊神の賦りたまへる」もの、「この平篤胤も神の御末胤にさむらふ」（『霊の真柱』）といい、「世に有らゆる事物は此天地の大なる、及び我々が身体までも、尽く天神地祇の御霊に資りて成れる物にて、各々某々に神等の持分け坐まし」（『玉だすき』三）ており、「賎の男、我々に至るまでも神の御末に相違なし」（『古道大意』）というのである。したがって、死ねば幽世で大国主神の審判を受けるが、基本としては、産霊神の御霊を分け与えられて生まれてきた人間は、死ねばやがては神へと祀られていくことになるというのであり、それは一般の人びとの死生観にも大きな影響を与えることとなったのである。

それにしても、「抑此世は、吾人の善悪きを試み定め賜はむ為に、しばらく生しめ給へる寓世にて、幽世ぞ、吾人の本つ世」（『古史伝』二三）である、というのなど、ほとんど仏教の教説に類似するものであり、何ら新鮮味はない。しかし、逆にそれだからこそ、一般の人びとには生活感覚的にそのような仏教の教説に慣れ親しんでいた人たちにとっては、むしろ受け入れられやすかったものとも思われる。

†『毎朝神拝詞記』

篤胤が、その説く、惟神（かむながら）なる真の道を一般の人びとに説き広めるために著されたのが、『玉だすき』一〇巻であるが、その篤胤の毎日の神拝の実践と、それを広めるべく撰述したのが、『毎朝神拝詞記』であった。

それは、はじめに「朝早く起きて、貌手（かおて）を洗ひ、口を漱（すす）ぎ、身を清めて、まづ皇都の方に向かひて、慎み敬（ゐやま）ひ、平手を二たつ拍ち、額突（ぬかづき）て、畏み畏み拝み奉るべし」とあり、

①皇居乎拝美奉留事（詞は各々心々に申すべし）
②龍田風神
③大元尊神（天御中主・両産霊神）
④天日御国（天照大神・皇産霊大御神・伊邪那岐神など）
⑤月夜見国（国底立大神・豊斟渟大神・伊邪那美大神・月読命など）
⑥皇孫尊（瓊々杵尊・木花之佐久夜毘売命・神世二御代の天皇命）
⑦神武天皇以下の諸天皇・皇后
⑧伊勢神宮

⑨吾妻三社（鹿島・香取・息栖）
⑩出雲大社
⑪大和三社（大物主・大国魂・言代主）
⑫常陸二社（大名持・少彦名）
⑬伊豆雲見社（巌長比売）
⑭尾張熱田宮
⑮その国の一の宮
⑯その所の鎮守
⑰その家の神棚
⑱祓戸の神など
⑲塞神など
⑳天児屋根命＝八意思兼神など
㉑大宮能売神＝天宇受売命＝宮比神
㉒屋船神
㉓御年神など
㉔竈神など

㉕水屋神など
㉖厠の神
㉗学問の神（八意思兼神・忌部神・菅原神・春満・真淵・宣長・久延毘古命）
㉘先祖の霊

という、計二八について、それぞれに神徳をたたえた拝詞がつけられていて、神拝を行なうものであった。

その熱心な神拝の目的としては、篤胤には大きく二つあり、一つは神の恵みに感謝しことほぐこと、それによって守ってもらい、恵みを与えてもらうこと、であり、もう一つは神に自分の過ちや穢れを祓え清めてもらうこと、であった。

世界は天御中主神と高皇産霊神と神皇産霊神を中心としながら、八百万の神々がそれぞれの局面を担当し、和して響きあいながら、人間の世を守り恵みを与えている、それは、神々や先祖はすべて、われわれのオヤだからであり、そのことに感謝することこそが、毎日の神拝の目的なのだ、というのであった。

第六章 近代立憲国家の近代神道

江戸幕府の時代から、明治の近代国家の時代への移行は、いうまでもなく国家機構の巨大な規模での構造的な大転換であった。幕府と藩による武家の政権から、天皇と官僚と代議士による立憲君主制の政権へと変わったのである。それまでの諸社禰宜神主法度や神社条目など、その他の幕府の関連法令に守られてきた吉田家の神道や白川伯家の神道は解体するしかなかった。そうした中で、平田篤胤の国学と復古神道は、その内容も形式も大きく変えられながら、明治新政府の中で、活用されていった。

1 明治新政府の神道政策

明治新政府の神道に関係する政策の移り変わりを、かんたんに整理してみると、表2のようになる。

†平田篤胤の復古神道とは異なる明治新政府の神道

明治二年（一八六九）の官制改革で注目されるのは、神祇官の少副に福羽美静が採用されていることである。福羽美静（一八三一―一九〇七）は津和野藩出身で、同じ津和野藩の国学者大国隆正（一七九二―一八七一）に学び、明治新政府の中で長州派につながって

表２　明治新政府の神道に関係する政策

慶応４年（1868）	３月13日	祭政一致、神祇官再興布告
	３月28日	神仏判然令
	９月８日	明治と改元
明治２年（1869）	７月８日	官制改革　　神祇官　太政官 神祇官　伯中山忠能　大副白川資訓　少副福羽美静「神祇官は福羽美静に、宣教使は小野述信に」と揶揄される
明治３年（1870）	１月３日	天皇鎮祭　神祇官神殿（吉田・白川両家から迎えた八神・天神地祇・歴代皇霊を祀る） 大教宣布の詔「宜しく治教を明らかにして、惟神の大道を宣揚すべきなり。因って新たに宣教使を命じ、天下に布教せしむ」
明治４年（1871）	３月	国事犯事件（長州派と結ぶ福羽美静たち津和野グループと対立した平田派国学者一斉捕縛）
	８月８日	太政官布告　神社は「国家の宗祀」 神祇官を神祇省に格下げ 宮中祭祀を神祇に関わる職掌から切り離して天皇に関わる特殊領域へ位置づけ
明治５年（1872）	３月14日	神祇省廃止　教部省設置
	４月25日	教導職を設置（神祇省の宣教使から教部省の教導職へ）
	11月	大教院設立（東京に）中教院・小教院（地方に） 神仏教導職講学のためだったが混乱
明治８年（1875）	３月27日	神道事務局設置（４月大教院廃止解散に向けて）
明治10年（1877）	１月11日	教部省廃止　内務省社寺局の管轄に
明治13年（1880）	４月	神道事務局の神宮遥拝所（神殿）日比谷に落成 遷座祭に当たり祭神論争再燃 明治８年（1875）神道事務局設置以来造化三神と天照大神（大国主神を加える

		意見と対立）
明治14年（1881）	2月3日	明治天皇の勅裁 宮中に鎮祭の天神地祇と賢所と歴代皇霊の遥拝とする 神道教導職総裁に有栖川宮幟仁親王
明治15年（1882）	1月24日	内務省達で　神職と教導職を分離
	1月25日	有栖川宮幟仁親王　神道教導職総裁辞任
	11月4日	皇典講究所設立　総裁有栖川宮幟仁親王
明治22年（1889）		大日本帝国憲法発布
明治23年（1890）		教育勅語発布
明治33年（1900）		内務省　神社局設置　社寺局は宗教局に
明治39年（1906）		国庫供進金制度　神社への財政支出の制度化

いった人物である。明治新政府の宗教政策の基本を推進したのは、その長州派の維新官僚と結んだ大国隆正や福羽美静たちであり、のちに宣伝されてきたような、平田篤胤の国学や復古神道の継承ではなかった。その点はあらためてしっかりと確認しておく必要がある。

明治初期における神道という語について参考になることの一つは、大国隆正の慶応四年（一八六八）三月の浦上キリシタン問題に関して提出した意見書（存念書）である。大国は、神道には四流があるといい、それは次のようなものであった。

①家伝流＝橘家伝・両部・唯一などの旧神道

②本居流＝本居宣長発明の神道
③平田流＝平田篤胤発明の神道
④臆説流＝大国自身が説く神道や黒住流の神道

そして、同月の「極意存念書」では、次のようにのべている。

御一新の折から神道も御一新され日本国中に布告されたい、神道には、「聖行神道」と「易行神道」の二つがある、「聖行神道」とは、古事記、日本書紀の神代巻を究明するとともに、儒教・道教・仏教・キリスト教などの諸宗教、および天文・地理に至る知識の集積を通じて「異域をも教導」できる「日本国の教法」である。「易行神道」とは、聖行神道の中に含まれるものであるが、「弁舌サハヤカニ愚夫愚婦ヲヨクイヒサトシ」、「平常之諸行篤実ナル者」が実践するものである。具体的には「聖行神道」を心がけているのは隆正自身で、「易行神道」を心がけているはたとえば黒住教であるが、黒住左京は不学の者で採用されがたいであろう、というのであった。

また、同じ津和野藩の藩校養老館の国学者であった岡熊臣（一七八三―一八五一）も、「神道と称ふるものは、禰宜・神主等が行ふ祭祀神事のみと申す事の様に存じ候ふ族のみ之有り候、笑止千万の事にて候。時世に神道と申し候は、天皇の天下を治め給ふ大道の事にて、ただ御国其の儘の治乱盛衰を押し込めて、世間に行はれゆく人道と称ふる名目と御心得なさるべく候。」

とのべており、神道とは、天皇の天下を治め給う大道、のことだという。

そして、明治二年（一八六九）五月二一日には、「皇道興隆の御下問」がなされ、明治三年（一八七〇）一月三日の「大教宣布の詔」では大教とは惟神の大道である、と宣言されている。このような、

「天皇の治め給う大道」＝「皇道」＝「大教」＝「惟神の大道」

が、明治国家の基本理念として、宣揚、宣教されていく方向とされたその背景には、いまみた幕末維新期の岡熊臣、大国隆正、福羽美静たちの津和野藩の国学者たちや、その影響下での長州藩出身の維新官僚たちによるリードがあったことが推定される。そしてそれは、平田篤胤の説いた神道とは異なっており、次の三点も篤胤の復古神道とは大きく異なるものであった。

①神話と歴史の最高神が天御中主神を中心とする造化三神ではなく、皇祖神である天照大神であるとしたこと
②個々人の霊魂の行方や、幽冥界の大国主神についての教説を欠いていたこと
③信仰的な実践よりも、政治的な実効性を重んじ天皇統治の論理を中心としたこと

ただ、注意されるのは、慶應四年(一八六八)三月一七日の太政官符案というのがあり、それは津和野藩主亀井茲監が率いる当時の神祇事務局で作成されたものであるが、そこには

「皇国内宗門、復古神道ニ御定被仰出、諸国共産土之神社・氏子且人数改、被仰付候事、但仏道帰依之輩ハ、私ニ取用候儀者、不苦候事」。

とあることである。つまり、皇国内の宗門は復古神道に定めること、と仰出されたというのである。たしかに、当時の神祇事務局ではまだそのような話題もあったことと思われるが、結局、この官符案は反故になったのであり、発布されることはなかった。

この案が反故にされたということ自体からも、維新政府のめざした「天皇の治め給う大道」＝「皇道」＝「大教」＝「惟神の大道」が、平田派国学と復古神道とははっきりと異なるものであったということを、むしろ明示しているといってよいであろう。

†神道は不名誉な呼称

明治維新の当初は、政府関係者たちは、大教や惟神の大道、などという言葉を前面に出して、神道という語をむしろ意図的に避けていたようである。なぜなら、近世後期から幕末期にかけて、神道と神道者という語は決して名誉ある呼称ではなかったからである。江戸中期の国学者の多田義俊はその著『南嶺子』で、当時、神道者と呼ばれた者には二種類があり、その一つは、弟子をとり、『日本書紀』や「中臣祓」などの神典を講じる学者的な神道者、もう一つは、市中や村に住んで、禰宜や神主でもないのに祈禱を行なう祈禱師的な神道者、だといっている。江戸後期の天明年間（一七八一―八九）には、家々の門前に立って鈴を振り祓詞をよみ、米銭を得るのを生業とする神道者もあらわれ、それに対して大坂の生国魂神社の社僧の聖応は、『神道弁惑』で、「今時市中を徘徊する乞食同前の鈴ふり神道者」と呼んでいる。幕末期の喜多川守貞の『近世風俗志』では、神道者はまた神職ともいい、米銭を納める箱を首に掛け、手に鈴を振り、祓詞を唱えて歩く、と書かれて

図11　皇典講究所

いる。彼らはその多くが貧民層だったのであり、維新政府が神道という言葉を敬遠した理由はそこにあったと考えられる。

内務省神社局

しかし、いつまでも神道という語が、用いられなかったわけではない。明治八年（一八七五）三月二七日に大教院の廃止に向けて神社関係者によって設置されたのが神道事務局であった。ただ、その神道事務局は公的な国家機関となることはなく、その後の展開としては、明治一五年（一八八二）の神職と教導職の分離、および神道神宮派や神道大社派などの諸神道教派の「別派特立」の公認を経て、明治一九年（一八八六）には独立教派としての神道本局へ、後の神道大教へと展開していった。

一方、明治政府はその神道事務局の生徒寮を独立させ、明治一五年（一八八二）、それまで神道教導職総裁であった有栖川宮幟仁親王を総裁とする皇典講究所を設立する。そして、国史・国文・国法を講究する國學院を開設して、神職の養成機関としていった。大正九年（一九二〇）の大学令により、國學院は私立國學院大學となり、現在に至っている。

近代国家の神社行政の上で決定的だったのは、明治三三年（一九〇〇）の内務省神社局の設置である。明治一〇年（一八七七）以来、神祇と宗教に関する行政を管掌してきた内務省社寺局が、明治三三年（一九〇〇）からは宗教局となり、神社と神道は神社局のもとで行政の管轄とされたのである。国家の行政が管掌する対象としての神社と神道となったのである。

2 国家神道

†国家神道と教派神道

国家神道という言い方が現れる早い例は、明治四一年（一九〇八）三月二日の第二十四回帝国議会における「神職養成部国庫補助ニ関スル建議案委員会」での委員長小田貫一の発言の中である。

明治一五年（一八八二）の神職と教導職の分離および諸神道教派の別派特立を一つの画期として、宗教神道と国家神道が分立したという考え方がうかがえる発言である。まず、「全体十五年ニ於テ、早ヤ既ニ宗教ノ神道国家神道ト云フモノハ明カニ分ッテ居ッタケレドモガ」といい、明治三三年（一九〇〇）の内務省における宗教局と神社局の新設が、その宗教神道と国家神道が分立をした制度的な画期であったという認識を示している。

「遂ニ三十三年ニ至リテ、政府モ悟ルトコロアッテ、以前ノ社寺局ヲ挙ゲテ神社局ト宗教局トシ、断然主義ヲ明ニシ、従ッテ神社局ニ於テハ国家神道ナルモノヲ扱ヒ、宗教局ニ於テハ耶蘇、仏法及神道ノ各教派ニ属スルトコロノ、即チ宗教神道ヲ支配スル、斯ウ云フコトニナッテ居マシテ、従ッテ神社局ニ於テモ、国家神道ノ方ニ付テハ、官国幣社ノ国庫支弁ノ法律案ヲ出サレ、従ッテ府県郷村社ニ至ッテハ神饌幣帛料ト云フモノヲ供ヘルヤウニトノコトデ、稍ヤ事実ガ明ニナッタコトハ、私ナド非常ニ満足シテ居リマス」

ここで、宗教局の管轄する宗教神道と、神社局の管轄する国家神道とを類別するとしているのは、この小田貫一の個人的な見解としてだけではなく、当時から現在に至るまで一般に共有されている分類案である。

国家神道というのが、行政的に神社局が管轄するものであるというのに対して、それに対比される宗教神道というのは、のちに加藤玄智が宗派的神道と呼び、また一般に教派神道とも呼ばれるものである。しかし、基本的に神々への信仰と祈願と感謝とを当たり前とする神祇信仰と神社祭祀を、宗教ではない、とするという政治的な方針決定と、それにもとづく強制的な行政指導には根本的に無理があったのであり、やはり神祇信仰や神社祭祀は信仰的なつまり宗教的な営みであるという当然の動きがあった。ただし、その動向には、まったく異なる二つのタイプがあったことにも注意しておく必要がある。

まず一つは、古代以来の神祇信仰と神社祭祀の伝統を継承してきていた伊勢神宮や出雲大社への信仰のように、その伝統の中に宗教的なものを伝えていきたいという姿勢である。あえて国家的な法制や制度の中での存在というかたちとは別に、神々への信仰と祈願と感謝の面を重視する立場に立ち、宗教としての神祇信仰と神祇祭祀という考え方を明示していったものである。それはたとえば、出雲大社宮司で第八〇代出雲国造の千家尊福の創唱した出雲大社教がそれであり、出雲大社の祭祀という伝統を国造と宮司という形式としてはそれを国造家で世代的に伝承しながらも、その一方で、みずから神祇信仰の基本である教説と信仰の宣教という姿勢を守り、出雲大社教を創唱して、明治一五年（一八八二）に公認されている。出雲国造家の北島家の第七六代出雲国造の北島修孝によって創設された出雲教も同じくそうした例である。

しかし、もう一つがあり、それは伝統的なものではない新宗教の類である。たとえば、幕末の黒住宗忠を教祖として先に明治九年（一八七六）に認定されていた黒住教や、明治三三年（一九〇〇）公認の金光教や、明治四一年（一九〇八）公認の天理教など、幕末維新期に創唱されてきた新宗教や、また江戸時代の庶民信仰の富士講に由来する扶桑教や実行教、また御嶽講に由来する御嶽教などであった。それらも一緒にして国家神道とは別の、宗教としての神道として、明治政府によって教派神道として一三派が公認されていった。

一方、国家神道についてのその後の動向としては、大正期になって東京帝国大学に設置された神道講座（大正九年開設（制度変更により実際は一〇年開設））の助教授も勤めた宗教学者、加藤玄智（一八七三―一九六五）による国家神道の定義が重要である。加藤は、神道を「国家的神道」と「宗派的神道」の二つに分類する。そして、その内の「国家的神道」を「国体神道」と「神社神道」の二つに分類する。

その中の「国体神道」とは神皇（天皇）を拝戴することであり、無形であり教育機関による弘布がなされるものである、それが鳥居や注連縄や社殿などによって有形となっているのが「神社神道」であり、それは内務省神社局が管轄するものである。一方、「宗派的神道」は文部省宗教局（大正二年（一九一三）に内務省から文部省へ）が管轄するものであるという把握である。なお、のちのＧＨＱの神道指令では、State Shinto の語が用いられているが、それはこの加藤の国家的神道からの翻訳による造語であった。

また、昭和期では、内務省神社局考証課長を勤め東京帝国大学の神道学研究室の教授をも勤めた宮地直一（一八八六―一九四九）が、「大化改新は、祭祀に始まり、惟神の道によりて樹立せられし国家中興の大業にして、此時に振起せられし国家神道の精神は、此後久しきに亘り持続せられて」などといい、国家神道の語を頻繁に用いている。

†神道指令の State Shinto

これらは、議会での発言や神道学者の見解の中で用いられた国家神道という語であったが、公的な書類の上でこの語が用いられるのは、よく知られているように昭和二〇年（一九四五）一二月一五日のＧＨＱの神道指令においてであった。その指令の英文の表題は次のとおりであった。

Abolition of Govermental sponsorship, Support, Perpetuation, control, dissemination of State Shinto (Kokka Shinto, Jinja Shinto)

「国家神道、神社神道ニ対スル政府ノ保証、支援、監督並ニ弘布の廃止ニ関スル件」

そして、その内容の「二c」には、

The Term State Shinto within the meaning of this directive will refer to that branch of Shinto (Kokka Shinto or Jinja Shinto) which by official acts of the Japanese Government has been differentiated from the religion of Sect Shinto (Shuha Shinto or Kyouha Shinto) and has been classifided a non-religious cult commonly known as State Shinto, National Shinto, or Shrine Shinto

とあり、日本語訳では次のとおりであった。

「本指令ノ中ニテ意味スル国家神道ナル用語ハ、日本政府ノ法令ニ依テ宗派神道或ハ教派神道ト区別セラレタル神道ノ一派、即ち国家神道乃至神社神道トシテ一般ニ知ラレタル非宗教的ナル国家祭祀トシテ類別セラレタル神道ノ一派（国家神道或ハ神社神道）ヲ指スモノデアル。」

ここでいう、State Shinto、National Shinto、Shrine Shintoが、the religion of Sect Shinto (Shuha Shinto or Kyoha Shinto) とは別であるという分類は、明治以降の近代日本の神道の歴史からみれば正当な分類である。ただし、State Shinto国家神道、National Shinto国家神道・国民神道、Shrine Shinto神社神道、の意味については、a non-religious cult非宗教的なる国家祭祀、とされているだけで、必ずしもその意味は明確ではない。

ただ、この文書でState Shintoという語を採用したのは、この神道指令の起草者であるCIE民間情報教育局のW・K・バンス（一九〇七―二〇〇八）であり、そのW・K・バンスが用いたのは、前述のように、加藤玄智の神道論に学んだアメリカ人の神道研究者D・C・ホルトム（一八八四―一九六二）の神道論であったと考えられる。したがって、この国家神道という呼称は、明治一五年（一八八二）の神職と教導職の分離および諸神道教派の別派特立を画期として、宗教神道と国家神道が分立したときから、「宗教ではない神道、天皇を中心とする国家祭祀としての神道」という意味で用いられるようになっていた語であり、それが継承されてこの昭和二〇年（一九四五）のGHQの神道指令で公的にState

Shintoと呼ばれたものと考えられるのである。

つまり、ここでは、国家神道とは「明治以来、昭和二〇年の敗戦まで、日本政府の保証、支援、監督並に弘布が行なわれてきた、宗教ではない神道、天皇を中心とする国家祭祀としての神道」とまとめておくことができよう。

3　国家神道の形成過程

国家神道の形成過程についての見解には、長期間と短期間と大きく分けて二つの論説がある。一八六八年の明治維新から一九四五年の太平洋戦争敗戦まで、の長期間を設定する論説と、明治三三年（一九〇〇）の内務省神社局の設置から一九四五年の太平洋戦争敗戦までの短期間を設定する論説である。

†長期間を設定する論説

まず、前者であるが、たとえば村上重良（『国家神道』岩波新書）は、次の第一期から第四期に分けて段階的に整理している。

第一期　形成期　明治維新（一八六八）―明治二〇年代初頭（一八八〇年代末）
明治三年（一八七〇）大教宣布　惟神の大道
明治一五年（一八八二）神職と教導職分離　諸神道教派の別派独立
第二期　教義的完成期　帝国憲法発布（一八八九）―日露戦争（一九〇五）
近代天皇制の確立　信教の自由　非宗教・超宗教の国家祭祀としての神道
教育勅語
敬神崇祖を主軸とする国体の教義
日清・日露の戦争と国家主義の高揚
神社界からは神祇官復興を求める動き
第三期　制度的完成期　明治三〇年代末（一九〇〇年代後半）―昭和初期（一九三〇年代初頭）
帝国主義化した時期の神道
内務省による神社行政の確立
官国幣社への国庫供進金制度がつくられるとともに、祭式等の神社制度が整備
第四期　ファシズム的国教期　満州事変（一九三一）―太平洋戦争敗戦（一九四五）
軍国主義のもとで、中国、アジアへの侵略による日本支配地域に神社創建

紀元二六〇〇年（一九四〇）を機に神祇院設置
宗教団体法による各宗教の統制　戦争協力
国体　聖戦　八紘一宇

同じく前者の論説に立つ島薗進『国家神道と日本人』（岩波新書）は、村上のいう時期的な区切りは基本的には継承できるが、ただ第二期から第三期への移行を、村上は一九〇五年の日露戦争終結時で区切っているが、島薗は、大逆事件と明治天皇の死によって特徴づけられる一九一〇年頃で区切るのがよいとしている。そして、第二期と第三期の呼称は、第二期確立期、第三期浸透期とした方がよいとしている。第二期を「確立期」というのは、この時期に、①聖なる天皇と皇室の崇敬に関わる儀礼システムが確立してくる、②神話的表象に基づく国体思想が生活空間に根づくような形に整えられ、その教育・普及システムが確立してくる、③神職の養成システムと神職の連携組織が確立し、国家神道の有力な構成要素である神社神道がその内実を固めていく、という三点に注目するからだという。そして、第三期の「浸透期」になると、むしろ国民の下からの運動が強まり、政府も国家指導層も国家神道の強化へという方向で、社会的緊張を克服し、より強固な国民統合を達成しようとする道を選ばざるをえなくなったのだ、という。

たとえば、第二期では、①聖なる天皇と皇室の崇敬に関わる儀礼システム確立、については、一八九一年（明治二四）の「小学校における祝日大祭日の儀式に関する規定」をあげている。そこには、

「紀元節、天長節、元始祭、神嘗祭及新嘗祭ノ日ニ於テハ、学校長、教員及生徒一同式場ニ参集シテ左ノ儀式ヲ行フベシ。一　学校長教員及生徒／天皇陛下及／皇后陛下ノ御影ニ対シ奉リ最敬礼ヲ行ヒ且／両陛下ノ万歳ヲ奉祝ス」

とあり、学校行事を通して広く天皇崇拝の教化が進んでいったということを指摘している。同じ流れで、天皇の「御真影」の下賜が一八八二年頃から始まり、ほぼ全国の尋常小学校に行きわたるようになったのは一八九〇年代であったこと、「教育勅語」が一八九〇年の公布であり、「君が代」が国家として歌われるようになるのが一八八八年以降であったことを指摘している。

また、②神話的表象に基づく国体思想が生活空間に根づき、その教育・普及システムが確立してくる、という点については、小学生の神社参拝が推奨せられたことや、歴史教育の場でも、天照大神、三種の神器、天孫降臨などの神話が歴史の学習の中に組み込まれて

解説されていったこと、そして、③神職の養成システムと神職の連携組織の確立、国家神道の有力な構成要素である神社神道がその内実を固めていく、という点については、一八八二年の皇典講究所の創設や、一八八三年の皇學館の設立認可をあげている。

皇典講究所は国体や皇道を学ぶ場所として創設されたものであり、それを母体として研究教育機関として一八九〇年には國學院が設立された。一八八三年に設立認可されて出発した伊勢の皇學館は、一八九〇年には内務省所管の官立専門学校として出発する。また、一八九八年には全国神職会が創立されて、こののちの神祇官再興運動・特別官衙設立運動を担っていく。そして、一九一三年（大正二）には、「内務省訓令第九号「官国幣社以下神社神職奉務規則」が定められ、その第一条で、「神職ハ国家ノ礼典ニ則リ国家の宗祀ニ従フベキ職司」とされて、神社が「国家の宗祀」であることがあらためて明文化されたのであった。

†短期間を設定する論説

以上のような、長期間を設定する前者の論説に対して、短期間を設定する後者の論説としては、たとえば阪本是丸『国家神道形成過程の研究』（岩波書店）がある。阪本は、まず、明治一五年（一八八二）の神職と教導職の分離、および神道神宮派や神道大社派などの諸神道教派の「別派特立」の公認を画期とするという論点を提示する。そして、国家神道体制の成立は、何よりも明治三三年（一九〇〇）の内務省神社局の設置によってである、という。この内務省神社局という行政枠組を前提として、国家神道も制度上の用語として用いられるようになったのだというのである。

そして、神社局が設置されて国家機関となったとはいっても、神社に対する財政的な支えはなお薄いものであり、神社の地位を高めるために神祇官を設立するようにとの運動が神社界や地域社会から起こり、それが具体化したのが、昭和一五年（一九四〇）の神祇院の設立であった。この神祇院の官制第一条には、次のようにある。

「神祇院ハ内務大臣ノ管理ニ属シ左ニ掲クル事務ヲ掌ル　一　神宮に関スル事項　二　官国幣社以下神社ニ関スル事項　三　神官及神職ニ関スル事項　四　敬神思想ノ普及ニ関スル事項」

このように、この神祇院創設によってはじめて、「敬神思想ノ普及」が国家の公式の事業とされたのだという。そして、ここに至って、純然たる機構・制度としての「国家神道」に、はじめてイデオロギー・思想が付加され、いわゆるのちの神道指令の内容に見られるような「国家神道」の理解が可能な状態となったのだというのである。そうしてようやく、国家神道が直接国民に向かって敬神思想の普及に乗り出す体制が確立したのだが、その体制はいかにも貧弱であったといい、敬神思想や国体思想の一般国民に対する普及力からいえば、ひじょうに大きな力をもった『国体の本義』（昭和一二年一九三七）、『臣民の道』（昭和一六年一九四一）を出版した文部省教学局の比ではなかったとのべている。

4 国家神道の内容

では、国家神道とは何か、もちろんこれが重要な議論である。そこで、その要点を整理してみると、その形成過程についての見解に大きく異なった二つの立場の論説があったように、やはりその内容についても大きく異なる二つの立場の論説があるのが現状である。前者は、広く社会体制をその枠組みに捉える論説であり、後者は、とくに国家機関の中に組織されていった全国の神社の神道のあり方に絞って捉える論説である。

†国家神道を広く社会体制として捉える論説

まず、前者については以下のとおりである。

藤谷俊雄「国家神道の成立」(『日本宗教史講座』第一巻国家と宗教)では、「天皇の祖先神を中心とし、天皇が祭主として祭祀をおこない、全国に多数の神社を抱えた」体制を国家神道と呼んでいる。その国家神道を構成する重要な部分が、①神社制度、②宮中祭祀、③天皇制イデオロギー(神聖不可侵・万世一系・崇敬義務)であったという。

村上重良『国家神道』(岩波新書)では、国家神道は、明治維新から太平洋戦争敗戦にいたるまでの約八〇年間、日本国民を支配していた国家宗教であり、宗教的政治制度であった、という。そして、それは日本宗教はもとより、国民の生活意識のすみずみにいたるまで、広く深い影響を及ぼしたとのべている。

磯前順一「国家神道をめぐる覚書」(『近代日本の宗教言説とその系譜』岩波書店)は、国家神道とは、「神社を通して天皇制ナショナリズムを国民に教化しようとする戦前の社会体制」であったとのべている。

つまり、国家神道というのは、神道とはいっても単に神祇信仰や神社祭祀という信仰的な営みというレベルではなく、国家的な制度であり社会体制という広いスケールのものであったというのである。

そうした論説を受けて、ほぼ同じ見解をもつ島薗進『国家神道と日本人』(岩波新書)では、国家神道とは、「天皇と国家を尊び国民として結束することと、日本の神々の崇敬が結びついて信仰生活の主軸となった神道の形態である」といい、「国家神道という用語は、明治維新以降、国家と強い結びつきをもって発展した神道の一形態を指す。それは皇室祭祀や天皇崇拝のシステムと、神社神道とが組み合わさって形作られ、日本の大多数の国民の精神生活に大きな影響を及ぼすようになったものである」とまとめている。ただ、島薗の場合は重要な論点がもう一つあり、それは、国家神道は多くの論者や一般社会でも一九四五年のGHQの神道指令で廃棄され解体されたと考えられているであろうが、実はそうではないという。それは、戦後から現在にいたるまで、近代国家の柱として構築された天皇親祭による皇室祭祀体系が継続されており、神社本庁を中心とする「神宮の真姿顕現運動」(神社新報社『増補改訂 近代神社神道史』)がいまも継続されているという点などに注目しての見解である。

†国家神道を限定的に非宗教的な国家祭祀と捉える論説

一方、それら前者の論説に対して、後者については、とくに阪本是丸『国家神道形成過程の研究』(岩波書店)の論説がよく知られている。阪本は、まずは、一九四五年のGHQの神道指令に、国家神道の定義が明確になされている、といい、その定義とは、先に、神道指令についての部分でも紹介したように、国家神道とは、「日本政府の法令によって宗派神道あるいは教派神道と区別された神道の一派、すなわち国家神道ないし神社神道として一般に知られているところの非宗教的なる国家祭祀として類別されている神道の一派」という意味である、と明確に指摘している。そして、その形成過程としては、前述のように、明治三三年（一九〇〇）の内務省神社局の設置によって、その行政枠組を前提として、国家神道も制度上の用語として用いられるようになったのだとしている。あくまでも法令に基づく制度という原点を重視する見解である。

第七章 現代社会の神社神道

1　神社本庁と神社神道

昭和二〇年（一九四五）一二月一五日のGHQの神道指令により、明治四年（一八七一）八月八日の太政官布告で神社は「国家の宗祀」とされて以来の、膨大な神社関係の法令や制度が全廃され、国家神道の体制が崩壊した。昭和二一年（一九四六）二月、宗教法人令改正により国家管理を離れた伊勢神宮をはじめ全国の神社とその関係者は、大同団結のためにその二月三日、従来、民間の神社関係団体であった大日本神祇会・皇典講究所・神宮奉斎会がそれぞれ発展的に解消して、全国の約八万社の神社を包括する新しい神社組織として、神社本庁が設立された。その神社本庁は宗教法人として設立されたのであり、あらためて神社への信仰と崇拝と祭祀とは宗教とされたのである。

†神社神道とは

そこで、よく使われるようになったのが「神社神道」という語である。神社神道という言い方は、前述のように、もと加藤玄智によるものであった。加藤は、神道をまず「国家的神道」と「宗派的神道」の二つに分類し、その内の「国家的神道」を「国体神道」と

表３　神道の分類

【加藤玄智の分類案】

国家的神道 ―― 国体神道 / 神社神道
宗派的神道 ―― 宗教神道　　教派神道

【神道指令の分類案】

国家神道	神社神道		State Shinto（Kokka Shinto, Jinja Shinto） State Shinto, National Shinto, or Shrine Shinto
宗派的神道	宗教神道	教派神道	The religion of Sect Shinto Shuha Shinto, Kyouha Shinto

「神社神道」の二つに分類した。その「国体神道」とは神皇（天皇）を拝戴すること、無形であり教育機関による弘布がなされるもの、である。そして、その「国体神道」が鳥居や注連縄や社殿などによって有形となっているものが「神社神道」である、というのであった。

加藤がそのように、国家神道の下位分類として国体神道と神社神道との二者を別のものと位置づけていたのに対して、その加藤に学んだD・C・ホルトムは、前述のように、神道指令の文章では、国家神道をState Shinto（Kokka Shinto, Jinja Shinto）と呼び、また、State Shinto, National Shinto, or Shrine Shintoとも呼んで、国家神道と神社神道とを同一視しており、それを公式の文書に残しているのである。

したがって、神社神道という語には、まず一つには、現在、宗教法人の神社本庁の包括する全国約八万社の神社が祭祀し氏子や信徒の人たちが信仰をよせている神社信仰という意味がある。それはもちろん宗教としての神道である。

しかし、もう一つ、矛盾を残しているところがある、それは、前述のGHQの神道指令の中にあった、国家神道と神社神道とは同じであるという文言である。明治以来の近代国家において政府が国家神道は宗教ではないとしてきたのは事実である。そして、基本的に国家と神社神道との分離を命じたのが神道指令であったはずである。しかし、その神道指令の文言があることによって、逆に神社神道は国家神道である、国家と結びついたものであるという理解の余地をいまも残しているのである。

政教分離の原則からいえば、宗教としての神社神道が国家の特別な保護を求めることはできない。しかし、こうした矛盾をはらんだ状態にあるというのが現状なのである。

†神道と宗教

現代社会における事実は明らかである。神社本庁とその傘下にある各都道府県の神社庁、そしてその神社本庁が神社庁を通して包括する全国約八万社の神社は、宗教法人法に定める宗教である、という事実である。法と制度の上からみれば、明治から大正、昭和戦前期までの近代社会の神社と神道は宗教ではなかったとされていたのだが、昭和戦後期から平成の現代社会では、神道はまさしく宗教なのである。神々と神社への信仰と祈願と感謝、それはむしろ当たり前の営みであり、神道が宗教であるというのは当たり前の理解であろう。

ただ、そこで、問題として残っているのが、宗教とは何か、神道とは何か、という問題である。そして、それについて考える上では次のような二つの問題点がある

第一は、宗教とは何か、という問題である。宗教というのは、実は日本古来の言語と概念ではない。近代になって英語の religion を翻訳して作られた新しい語である。だから、その意味についての理解がカギとなるのだが、一般的には、宗教 religion とは、教祖・教義・教団という三つの主要な構成要素をそなえた一定の信仰集団の思念と行動の体系であるというふうに理解されている。たとえば、キリスト教ではその三つの要素とは、イエスキリスト・新約聖書・ローマカソリック教会をはじめとする各地の教会と神父や牧師などの教団組織であり、仏教では、釈迦・法華経をはじめとする大蔵経典・天台宗や真言宗や曹洞宗や浄土真宗などの宗派と延暦寺や金剛峯寺や永平寺や本願寺などの寺院とそれに所属して活動している僧侶集団である。では、日本の神道はその三つの要素をそなえている

かといえば、それはひじょうにあいまいである。教祖や教義はあいまいであり、このような宗教 religion の構成要素という観点からいえば、神道は宗教といえるかどうか、という問題を残している。

第二は、国家と宗教という問題である。明治新政府がそのモデルとしたのは、イギリス、フランスなどの西欧近代国家の体制であった。その西欧近代国家というのは、中世のローマ法王を中核とするキリスト教カソリックの強圧的な支配の中から独立して、「政教分離」という近代国家の基本原理を打ち立てた体制であった。そこで、明治新政府がその政策上、採用せざるをえなかったのが、「信教の自由」と「政教分離」という原則であった。

明治三年（一八七〇）一月三日の「大教宣布の詔」で、大教とは惟神の大道であると宣言し、「天皇の治め給う大道」＝「皇道」＝「大教」＝「惟神の大道」を、明治国家の基本理念としていった明治新政府が、前述のような紆余曲折を経て、神道を宗教として国家が認可する教派神道と、宗教ではないとして国家が管轄し保護する国家神道という、二つの神道を創り出したのであった。

つまり、神道は宗教か、宗教ではないのか、という発問自体、そしてその応答における逡巡自体が、明治新政府以来の日本近代国家の体制の中で創り出されたものだったのである。歴史的にみれば、一八六八年から一九四五年までの約八〇年間に創出され醸成されてきている問題に過ぎない。神道が宗教であるのかないのか、などという発問は、古代、中世、近世を通じての神仏習合の時代には、まったくありえなかったのである。

そして、現代社会においても、神々と神社への信心や崇敬はそれを実践している人たちにとっては当たり前のことであり、それを宗教 religion といってもまったく問題はない。もしどうしても宗教 religion という概念にこだわりを感じてしまうような場合には、信心深い人とか信仰に篤い人というような意味で、信仰 beliefs といっておけばそれでよいであろう。ただ、神社が宗教法人となっている以上は、国家が神社を特別に法制上保護し管轄するということはありえない。これまでの長い歴史にみるように、自発的な意志で神社に奉仕したいという人たちと神社を崇敬し賛助したいという一人一人の人たちの下支えの力によって、これからも継承されていくにちがいない。

2 現在の神職養成

現代日本で、神道を担っている人たちとは誰か。それはやはり、神社本庁に所属する日本各地の大中小合わせて約八万社もある神社に奉仕している神職の人たちということになろう。その神職の資格を得るためには、何が必要かといえば、具体的には二つである。東京都渋谷区の國學院大学神道文化学部（四年制）か、三重県伊勢市の皇學館大学文学部神道学科（四年制）かの入学試験に合格して、それぞれ所定の単位を取得して卒業することである。國學院と皇學館では、卒業時にまず神職の正階の資格を得ることができる。そして、その後、二年間の神社奉仕と初任神職研修及び各種研修四日間以上を修了すると、明階の資格が授与される。

この神職養成課程を整備している二つの四年制大学を卒業するという方法が基本であるが、それ以外に、他の大学の出身者の場合には、國學院大学と皇學館大学で、神道学科専攻科（一年制）を修了するか、約一か月間集中の神職養成講習会を修了することにより、神職資格を得ることができる。

また、その他にも、出雲の大社國學館、京都の京都國學院、伊勢の神宮研修所をはじめ全国六か所の神職養成所（正階課程・二年制）で実際に神社に奉仕しながら学ぶことによって正階の資格を得ることができる。

ただし、それらを受講するためには、國學院大学の神職養成講習会や全国六か所の神職養成所の場合には、神社本庁の傘下の各都道府県の神社庁からの推薦状が必要であり、単純な動機での簡単な資格取得というのは無理である。具体的な神社への奉職の強い希望や意志や計画性が人間関係も含めて求められているのが現状である。

神社への奉仕と神社の維持継承には、事実上、経済的な問題も少なくない。由緒も古く有名な大きな神社の場合でもその社殿の維持や造替には莫大な経費がかかるし、ふつうの村や町の氏神や鎮守の場合にも、それぞれ奉仕している神職や氏子の人たちのたいへんな努力が注がれている。民俗学、民俗伝承学の研究と調査を重ねる中で、私はその現状を日本各地で実際にこの目でみてきている。そして、ときどきふと思い出されるのは、あの隠遁漂泊の歌人西行（一一一八―一一九〇）の歌である。

なにごとの　おはしますかは　しらねども　かたじけなさに　なみだこぼるる

あとがき

日本民俗学を専門とする自分にとって、「神道」という抽象的で不可思議で深遠なテーマに挑戦するなどというようなことは、一生涯ないものと思っていた。あくまでも具体的な人間の行為や儀礼、具体的な物質の利用や技術、などを対象とするのが日本民俗学の基本だからである。はじめに、葬送習俗や両墓制を研究対象としたときもその姿勢を大切にしていたつもりである。

ただ、日本の神々とは何か、という問題について、深い洞察のもとにその中核に、先祖への信仰があるということを論じた柳田國男や、まれびとへの信仰を発見した折口信夫に学ぶという基本姿勢からすれば、自分もいつかは日本の神祇信仰についての抽象的な理論研究にも挑戦することになるのだろうという程度の漠然とした覚悟はあった。

だから、柳田の「祖霊信仰論」、折口の「まれびと論」に学びながら、出雲の佐太神社宮司朝山芳圀氏の理解と協力を得て神在祭について、また安芸の厳島神社宮司野坂元良氏の理解と協力を得て御島廻式と御鳥喰（おとぐい）神事について、そしてその他、日本各地の御鳥喰習俗や道祖神祭祀、岡山県両山寺の護法祭、などの分析を通して、「ケガレ・カミ論」(「すべてのカミはケガレから生まれる」:『ケガレからカミへ』一九八七、「ケガレの構造」『岩波講座日本の思想』第六巻 二〇一三) を提示していったのであった。

その後、国立歴史民俗博物館での学際的な共同研究や、二〇〇〇年度から開始したJSPSの科研研究の継続的な調査研究をもとにした、研究展示「日本の神々と祭り―神社とは何か?―」(二〇〇六年三―五月) において、出雲大社権宮司千家和比古氏、祇園八坂神社宮司森壽雄氏、同じ民俗伝承学の関沢まゆみ氏や建築史の三浦正幸氏や植生景観史の小椋純一氏をはじめとする多分野の研究者との研究交流が、一つの大きな画期となって、神社についての研究への自分なりの小さな道が開かれていったのであった。そして、その延長線上でこれまで刊行したのが、『伊勢神宮と出雲大社』二〇〇九、『伊勢神宮と三種の神器』二〇一三、『氏神さまと鎮守さま』二〇一七、の刊行であり、それをもって、一つの区切りとしたつもりであった。

そんな中でふと舞い込んできたのが、本書の企画であった。しかし、たとえば巻末の参考文献も氷山の一角であり、神道をめぐる研究や史資料にはそれ以外にもそれこそ実に膨大なものがある。それらすべてを限られた時間の中で読み解き、新たな研究成果を提示していくということなど、ほとんど不可能に近い。現実にも、全国各地の多くの神社で誠実に奉仕している神職の人たちの存在がありその日々の活動がある。理論研究の上でも、神職奉仕の現実の上でも、私ごときが神道についてのテーマで、執筆にとりかかるなど、僭越至極のことである。身の程知らずになってはいけない、身の丈のしごとこそが一番である、と自戒したのであった。

そのような逡巡の中で、ふと身近なものとして思い出したのが、二〇一四年『明治聖徳記念学会紀要』復刊第51号に、何かのご縁で執筆依頼をいただき、そのときあまり深い考えもなく、ついつい書いてしまっていた「折口信夫の神道論ノート」という小文であった。柳田國男と折口信夫という日本民俗学の創始者の二人が教授として学問の継承者を育てようとした國學院大學に、これもまた何かのご縁で、いま自分も身を置いている。せっかくの奥深い折口信夫の古典の読み解きが、古代の歴史学研究者にほとんど理解されていないのではないか、それは学術発展の上でもあまりにもったいない、まさに僭越ながら、その小文執筆のとき、そう感じたのであった。柳田や折口の独創的な学究の視点と方法に対する理解を、歴史学以外にも学際的に、国際的にもっともっと発信していく必要がある、そのことが痛感されたのであった。

すべての事実、事象、言語、いずれもその発生から伝承へという運動の中で、浮動と漂流を重ねていく、だからその動態研究には比較研究が有効なのだ、という折口の伝承分析論の視点から、あらためて「神道」というものを考えてみたらどうだろうか、と考えたのである。はじめは、まったくむりだと思っていた「神道」というテーマであったが、いつの間にか、何とか挑戦してみてもいいのではないか、と思うように変わってきたのである。そして、あえて執筆してみたのが、本書である。

巻末の参考文献は、その一つ一つがすべて重く貴重な、そしてありがたい学恩をいただいているものである。本書の内容は、ほとんどがその先行研究の研究成果の引用と編修と整理によって組み立てられているものである。ここに、その先行研究者のお一人お一人に心より深甚の謝意を捧げるところである。そして、いまあえて象徴的な意味で、一冊だけあげるならば、私がこの本を書く動機の一つともなった井上寛司氏の『日本の神社と「神道」』二〇〇六をあげておくことができよう。重厚で緻密で誠実なその論考に学びながら、また悪戦苦闘しながら読み進んだ記憶がいまも新しい。その井上氏をはじめとする多くの先行研究者にあらためていま心よりその学恩に深謝申し上げる次第である。

二〇一八年二月

新谷尚紀

参考文献・引用文献

葦津珍彦『新版 国家神道とは何だったのか』(阪本是丸註) 神社新報社 二〇〇六 (初版 一九八七)
阿部泰郎「中世王権と中世日本紀」『日本文学』第三八三号 一九八五
阿部泰郎「日本紀と説話」『説話の講座』第三巻 勉誠社 一九九三
阿部泰郎「変貌する日本紀」『国文学 解釈と鑑賞』第六〇巻一二号 至文堂 一九九五
阿部泰郎「〝日本紀〟という運動」『国文学 解釈と鑑賞』第六四巻三号 至文堂 一九九九
石井研二『戦後の社会変貌と神社神道』大明堂 一九九八
伊藤 聡「第六天魔王説の成立—特に『中臣祓訓解』の所説を中心として」『日本文学』四四—七 一九九五
伊藤 聡「唯一神道と吉田兼倶」『国文学 解釈と鑑賞』第六〇巻一二号 至文堂 一九九五
伊藤 聡『中世天照大神信仰の研究』法蔵館 二〇一一
伊藤 聡『神道とは何か』中公新書 二〇一二
伊藤正義「中世日本紀の輪郭」『文学』第四〇巻一〇号 岩波書店 一九七二
井上寛司『日本の神社と「神道」』校倉書房 二〇〇六
井上寛司『「神道」の虚像と実像』講談社現代新書 二〇一一
井上智勝『近世の神社と朝廷権威』吉川弘文館 二〇〇七
井上智勝・高埜俊彦編『近世の宗教と社会 2 国家権力と宗教』吉川弘文館 二〇〇八

井上智勝『吉田神道の四百年』講談社　二〇一三
井上順孝『神道入門―日本人にとって神とは何か―』平凡社　二〇〇六
今堀太逸「牛頭天皇縁起の成立」『国文学　解釈と鑑賞』第六〇巻一二号　至文堂　一九九五
梅田義彦「神仏習合史研究序説」『國學院雑誌』第六四巻五・六号　一九六三
遠藤　潤『平田国学と近世社会』ぺりかん社　二〇〇八
大隅和雄「中世神道論の思想史的位置」『中世神道論』岩波書店　一九七七
大隅和雄「神仏習合理論の展開」『国文学　解釈と鑑賞』第五二巻九号　至文堂　一九八七
大原康男『神道指令の研究』原書房　一九九三
岡田荘司「中世初期神道思想の形成―『中臣祓訓解』・『記解』を中心に」『日本思想史学』一〇号　一九七八
岡田荘司「『伊勢宝基本記』の成立」『神道史研究』第二八巻第四号　一九八〇
岡田荘司「両部神道の成立期」『神道思想史研究』　一九八三
岡田荘司『平安時代の国家と祭祀』群書類従完成会　一九九四
岡田荘司「卜部氏の日本紀研究　兼文から兼倶まで」『国文学　解釈と鑑賞』第六四巻三号　至文堂　一九九九
小川豊生「院政期の本説と日本紀」『仏教文学』一六号　一九九二
小川豊生「変貌する日本紀―〈始まり〉の言説を追って―」『説話文学研究』三〇号　一九九五
折口信夫「神道の史的価値」『皇国』第二七九号　一九二二（『折口信夫全集』二巻）

折口信夫「神道に現れた民族論理」『神道学雑誌』第五号　一九二八（『折口信夫全集』第三巻）
折口信夫「神道に見えた古代論理」『国史学』第二〇号　一九三四（『折口信夫全集』第二〇巻）
折口信夫「神道」『宗教研究』第一二八号　一九五一（『折口信夫全集』第二〇巻）
加藤玄智『東西思想比較研究』明治聖徳記念学会　一九二四
加藤隆久『神道津和野教学の研究』（岡熊臣「学本論」）国書刊行会　一九八五
門屋　温「両部神道」『国文学解釈と鑑賞』第六〇巻一二号　至文堂　一九九五
木越　隆「日本紀講筵と『日本紀竟宴和歌』」『国文学　解釈と鑑賞』第六四巻三号　至文堂　一九九九
久保田収『中世神道の研究』神道史学会　一九五九
黒田俊雄『日本中世の国家と宗教』岩波書店　一九七五
黒田俊雄『日本中世の社会と宗教』岩波書店　一九九〇
神野志隆光『変奏される日本書紀』東京大学出版会　二〇〇九
神野志隆光「古代天皇神話の完成」『国語と国文学』八七五号　一九九六
神野志隆光『古代天皇神話論』若草書房　一九九九
子安宣邦『宣長と篤胤の世界』中央公論社　一九七七
子安宣邦『平田篤胤の世界』ぺりかん社　二〇〇九
斎藤英喜『読み替えられた日本神話』講談社現代新書　二〇〇六
斎藤英喜『陰陽道の神々』思文閣出版　二〇〇七

阪本是丸「国家神道体制の成立と展開―神社局から神祇院へ―」『占領と日本宗教』未来社一九九三
阪本是丸『国家神道形成過程の研究』岩波書店　一九九四
阪本是丸『近代の神社神道』弘文堂　二〇〇五
阪本是丸『近世・近代神道論考』弘文堂　二〇〇七
阪本健一『明治神道史の研究』国書刊行会　一九八三
佐藤眞人「平安時代宮廷の神仏隔離」『平安時代の神社と祭祀』国書刊行会　一九八六
佐藤眞人「神道五部書の教理をめぐる問題」『国文学解釈と鑑賞』第六〇巻一二号　一九九五
佐藤弘夫『神・仏・王権の中世』法蔵館　一九九八
佐藤弘夫『アマテラスの変貌』法蔵館　二〇〇〇
佐藤弘夫『神国日本』筑摩書房　二〇〇六
柴田　実編『御霊信仰』雄山閣　一九八四
島薗進『国家神道と日本人』岩波書店　二〇一〇
新谷尚紀『伊勢神宮と出雲大社―「日本」と「天皇」の誕生―』講談社　二〇〇九
新谷尚紀『伊勢神宮と三種の神器―古代天皇の祭祀と天皇―』講談社　二〇一三
新谷尚紀「折口信夫の神道論ノート」『明治聖徳記念学会紀要』復刊第五一号　二〇一四
新谷尚紀『氏神さまと鎮守さま―神社の民俗史―』講談社　二〇一七
末木文美士『日本仏教思想史論考』大蔵出版　一九九三

末木文美士『中世の神と仏』山川出版社　二〇〇三
末木文美士『日本宗教史』岩波書店　二〇〇六
菅原信海『山王神道の研究』春秋社　一九九二
菅原信海「中世の神仏習合思想」『国文学　解釈と鑑賞』第六〇巻一二号　至文堂　一九九五
菅原信海『日本思想と神仏習合』春秋社　一九九六
鈴木耕太郎「スサノヲと祇園社天神」『論究日本文学』九二号　二〇一五
平　雅行『日本中世の社会と仏教』塙書房　一九九二
高橋史朗「神道指令の成立過程に関する一考察」『神道宗教』一一五号　一九八四
高橋美由紀『伊勢神道の成立と展開』大明堂　一九九四
武田秀章「近代天皇祭祀形成過程の一考察」『日本型政教関係の誕生』第一書房　一九八七
武田秀章『維新期天皇祭祀の研究』大明堂　一九九六
玉懸博之「幕末における「宗教」と「歴史」」『東北大学文学部研究年報』第三一号　一九八一
圭室文雄『江戸幕府の宗教統制』評論社　一九七一
津田左右吉『日本の神道』岩波書店　一九四九（『津田左右吉全集』第九巻）
出村勝明『吉田神道の基礎的研究』神道史学会　一九九六
中川和明『平田国学の史的研究』名著刊行会　二〇一二
中野幡能『八幡信仰史の研究』（増補版）吉川弘文館　一九七五
中村政則『象徴天皇制への道―米国大使グルーとその周辺―』岩波書店　一九八九

中村啓信編『信西日本紀鈔とその研究』高科書店　一九九〇
西岡和彦「垂加流の日本紀研究」『国文学　解釈と鑑賞』第六四巻三号　至文堂　一九九九
西田長男「三教根本枝葉花実説の成立」『神道史の研究』第二巻　理想社　一九五七
西田長男『神社の歴史的研究』塙書房　一九六六
西田長男「本地垂迹説の成立とその展開」『日本神道史研究』第四巻　講談社　一九七八
新田　均『近代政教関係の基礎的研究』大明堂　一九九七
新田　均「国家神道論の系譜」上・下『皇學館論叢』第三二巻第一・二号　一九九九
新田　均『「現人神」「国家神道」という幻想』ＰＨＰ研究所　二〇〇三
萩原龍夫編『伊勢信仰Ⅰ』雄山閣出版　一九八五
福永光司『道教と古代の天皇制』徳間書店　一九七八
福永光司『道教思想史研究』岩波書店　一九八七
福永光司『道教と古代日本』人文書院　一九八七
福永光司「鬼道と神道」『日中文化交流史叢書　第四巻』大修館書店　一九九六
藤田大誠「「神道人」葦津珍彦と近現代の神社神道」『新版　国家神道とは何だったのか』神社新報社　二〇〇六
藤谷俊雄「国家神道の成立」『日本宗教史講座』第一巻　三一書房　一九五九
ホルトムＤ・Ｃ『日本と天皇と神道』（深沢長太郎訳）逍遥書院　一九五〇
堀田善衛『海鳴りの底から』朝日新聞社　一九六一

前川理子「加藤玄智の神道論」『人文学研究所報』四六号　二〇一一
真壁俊信『天神信仰の基礎的研究』近藤出版社　一九八四
水上文義「山王神道」『国文学 解釈と鑑賞』第六〇巻一二号　至文堂　一九九五
水上文義『台密思想形成の研究』春秋社　二〇〇八
水上文義『日本天台教学論』春秋社　二〇一七
三橋　正「中世貴族社会と神道」『国文学 解釈と鑑賞』第六〇巻一二号　至文堂　一九九五年
宮家　準『神道と修験道』春秋社　二〇〇七
宮地直一『神祇史大系』明治書院　一九三二
宮地正人「近代天皇制イデオロギーと歴史学」『天皇制の政治史的研究』校倉書房　一九八一
宮地正人『歴史の中の『夜明け前』 平田国学の幕末維新』吉川弘文館　二〇一五
村上重良『国家神道』岩波書店　一九七〇
村上重良『国家神道と民衆宗教』吉川弘文館　一九八二
村上重良『天皇制国家と宗教』日本評論社　一九八六
村山修一『本地垂迹』吉川弘文館　一九七四
村山修一『日本陰陽道史総説』塙書房　一九八一
牟禮仁『中世神道説形成論考』皇學館大學出版部　二〇〇〇
森博達『日本書紀の謎を解く』中央公論社　一九九九
安丸良夫『神々の明治維新―神仏分離と廃仏毀釈』岩波書店　一九七五

安丸良夫「近代転換期における宗教と国家」『日本近代思想体系5　宗教と国家』岩波書店　一九八八
安丸良夫『近代天皇像の形成』岩波書店　一九九二
柳田國男「神道私見」『丁酉倫理會倫理講演集』第一八五・六輯　一九一八（『定本　柳田國男集』第一〇巻）
柳田國男『神道と民俗学』明世堂書店　一九三三（『定本　柳田國男集』第一〇巻）
柳田國男『氏神と氏子』小山書店　一九四七（『定本　柳田國男集』第一一巻）
山本信良・今野敏彦『近代教育の天皇制イデオロギー』新泉社　一九七三
山本ひろ子「変貌する神々」『国文学　解釈と鑑賞』第六〇巻一二号、一九九五年
山本ひろ子『中世神道』岩波新書　一九九八
山本ひろ子『異神―日本中世の秘教的世界』平凡社　一九九八
義江彰夫『神仏習合』岩波書店　一九九六
吉田一彦「多度神宮寺と神仏習合」『伊勢湾と古代の東海―古代王権と交流』名著出版　一九九六
神社新報社編『神道指令と戦後の神道』神社新報社　一九七一
神社本庁編『神社本庁五年史』神社本庁　一九五一
全国神職会編『全国神職会沿革史要』全国神職会　一九三五
『別冊　太陽　知のネットワークの先覚者　平田篤胤』平凡社　二〇〇四

『明治維新と平田国学』国立歴史民俗博物館展示図録　二〇〇四
『日本の神々と祭り―神社とは何か―』国立歴史民俗博物館展示図録　二〇〇六

ちくま新書
1330

神道入門（しんとうにゅうもん）　民俗伝承学（みんぞくでんしょうがく）から日本文化（にほんぶんか）を読（よ）む

二〇一八年五月一〇日　第一刷発行
二〇二五年四月一五日　第二刷発行

著者　新谷尚紀（しんたに・たかのり）

発行者　増田健史

発行所　株式会社 筑摩書房
東京都台東区蔵前二-五-三　郵便番号一一一-八七五五
電話番号〇三-五六八七-二六〇一（代表）

装幀者　間村俊一

印刷・製本　株式会社 精興社

ISBN978-4-480-07122-4 C0214

ちくま新書

532 靖国問題 高橋哲哉

戦後六十年を経て、なお問題でありつづける「靖国」を、具体的な歴史の場から見直し、それが「国家」の装置としていかなる役割を担ってきたのかを明らかにする。

861 現代語訳 武士道 新渡戸稲造 山本博文訳／解説

日本人の精神の根底をなした武士道。その思想的な源泉はどこにあり、いかにして普遍性を獲得しえたのか？　世界的反響をよんだ名著が、清新な訳と解説でいま甦る。

946 日本思想史新論——プラグマティズムからナショナリズムへ 中野剛志

日本には秘められた実学の系譜があった。『TPP亡国論』で話題の著者が、伊藤仁斎、荻生徂徠、会沢正志斎、福沢諭吉の思想に、日本の危機を克服する戦略を探る。

1017 ナショナリズムの復権 先崎彰容

現代人の精神構造は、ナショナリズムとは無縁たりえない。アーレント、吉本隆明、江藤淳、丸山眞男らの名著から国家とは何かを考え、戦後日本の精神史を読み解く。

1099 日本思想全史 清水正之

外来の宗教や哲学を受け入れ続けてきた日本人。その根底に流れる思想とは何か。古代から現代まで、この国のものの考え方のすべてがわかる、初めての本格的通史。

1146 戦後入門 加藤典洋

日本はなぜ「戦後」を終わらせられないのか。その核心にある「対米従属」「ねじれ」の問題の起源を世界戦争に探り、憲法九条の平和原則の強化による打開案を示す。

1325 神道・儒教・仏教——江戸思想史のなかの三教 森和也

江戸の思想を支配していた神道・儒教・仏教にこそ、現代人の思考の原風景がある。これら三教が交錯しつつ形作っていた豊かな思想の世界を丹念に読み解く野心作。

601 法隆寺の謎を解く　武澤秀一

世界最古の木造建築物として有名な法隆寺は、創建・再建の動機を始め多くの謎に包まれている。その構造から古代史を読みとく、空間の出来事による「日本」発見。

1272 入門　ユダヤ思想　合田正人

世界中に散りつつ一つの「民族」の名のもとに存続するユダヤ。居場所とアイデンティティを探求するその英知とは？　起源・異境・言語等、キーワードで核心に迫る。

1259 現代思想の名著30　仲正昌樹

近代的思考の限界を超えようとした現代思想。難解なものが多いそれらの名著を一気に30冊解説する。知っているつもりになっていたあの概念の奥深さにふれる。

650 未完の明治維新　坂野潤治

明治維新は〈富国・強兵・立憲主義・議会論〉の四つの目標が交錯した「武士の革命」だった。それは、どう実現されたのだろうか。史料で読みとく明治維新の新たな実像。

702 ヤクザと日本——近代の無頼　宮崎学

下層社会の人々が生きんがために集まり生じた近代ヤクザ。格差と貧困が社会に亀裂を走らせているいま、ヤクザの歴史が教えるものとは？

734 寺社勢力の中世——無縁・有縁・移民　伊藤正敏

最先端の技術、軍事力、経済力を持ちながら、同時に、国家の論理、有縁の絆を断ち切る中世の「無縁」所。第一次史料を駆使し、中世日本を生々しく再現する。

846 日本のナショナリズム　松本健一

戦前日本のナショナリズムはどこで道を誤ったのか。なぜ東アジアは今も一つになれないのか。近代の精神史の中に、国家間の軋轢を乗り越える思想の可能性を探る。

ちくま新書

791 日本の深層文化 森浩一
稲と並ぶ隠れた主要穀物の「粟」。田とは異なる豊かさを提供してくれる各地の「野」。大きな魚としてのクジラ。——史料と遺跡で日本文化の豊穣な世界を探る。

859 倭人伝を読みなおす 森浩一
開けた都市、文字の使用、大陸の情勢に機敏に反応する外交。——古代史の一級資料「倭人伝」を正確に読みとき、当時の活気あふれる倭の姿を浮き彫りにする。

895 伊勢神宮の謎を解く——アマテラスと天皇の「発明」 武澤秀一
伊勢神宮をめぐる最大の謎は、誕生にいたる壮大なプロセスにある。そこにはなぜ、二つの御神体が共存するのか？神社の起源にまで立ち返りあざやかに解き明かす。

948 日本近代史 坂野潤治
この国が革命に成功し、わずか数十年でめざましい近代化を実現しながら、やがて崩壊へと突き進まざるをえなかったのはなぜか。激動の八〇年を通観し、捉えなおす。

957 宮中からみる日本近代史 茶谷誠一
戦前の「宮中」は国家の運営について大きな力を持っていた。各国家機関の思惑から織りなされる政策決定を見直し、大日本帝国のシステムと軌跡を明快に示す。

1002 理想だらけの戦時下日本 井上寿一
格差・右傾化・政治不信……戦時下の社会は現代に重なる。その時、日本人は何を考え、何を望んでいたのか？体制側と国民側、両面織り交ぜながら真実を描く。

1096 幕末史 佐々木克
日本が大きく揺らいだ激動の幕末。そのとき何が起き、何が変わったのか。黒船来航から明治維新まで、日本の生まれ変わる軌跡をダイナミックに一望する決定版。